JEAN-PAUL SARTRE [VÉRITÉ ET EXISTENCE]

真理と実存

J-P・サルトル

澤田 直 訳・解説

2000 JIMBUN SHOIN
人文書院

贈与としての真理
――サルトル倫理の作業現場を読む

澤田　直

サルトルが死去したのが一九八〇年であるから、今年はちょうど没後二〇年にあたる。その間、本国フランスはもちろんのこと、他のヨーロッパ諸国やアメリカでも多くの研究書が発表された。のみならず、暴露本やら脚色された小説なども出版され、サルトルの思想と人間像の新たな側面が明らかにされた。また私信や遺稿の整理も進み、コーパス自体もかなりふくらんだ。そのなかには、生前すでに雑誌の特集号などに発表されていたものもあるが、多くは初めて公刊されたものだった。それらを出版順に列挙してみれば、以下のようになる。

『奇妙な戦争――戦中日記』（一九八三年）――第二次大戦中の日録（一九九五年に増補版刊行）
『倫理学ノート』（一九八三年）――草稿［哲学］
『女たちへの手紙』（一九八三年）――書簡集（二巻本）

『フロイト』（一九八四年）――映画のシナリオ
『弁証法的理性批判』第二巻（一九八五年）――草稿［哲学］
『マラルメ論』（一九八六年）――草稿（一部既刊）［評論］
『真理と実存』（一九八九年）――草稿［哲学］
『初期作品集』（一九九〇年）――未刊・草稿［短編小説・エッセイ］
『アルブマルル女王もしくは最後の旅行者』（一九九一年）――草稿［文学］

ところが、日本ではこの間サルトルはほとんど忘れられた存在、あるいは、乗り越えられたと見なされた存在となってしまった。その理由のひとつには、これらの新資料が十分に紹介されなかったことがあるように思われる。死後出版で、これまで邦訳が出ているのは、『マラルメ論』（フランスでの公刊以前に、雑誌掲載分から訳出）『奇妙な戦争』『女たちへの手紙』『フロイト』であり、思想関係のものの紹介が特に遅れていた。(1) なかでも、質量ともに最も重要である『倫理学ノート』の翻訳・紹介がなされていないため、倫理思想に関しては旧態依然のイメージから抜け出すことができなかった。(2) 本書は、『倫理学ノート』の姉妹編とも、ダイジェスト版とも見なすことができ、その意味で、サルトルの倫理に関する展望の一斑をかいま見せてくれる貴重な遺稿だと言える。それは、『存在と無』から『弁証法的理性批判』への道筋が見えるといった、サルトルに内在的な関心のためばかりではない。むしろ本書の随所に倫理に関する刺激的な鉱脈がひそんでいるためである。

本書『真理と実存』の出版の経緯に関しては、編者アルレット・エルカイムによる〈コンテクスト〉を参照していただくとして、ここでは本書の位置を確認するためにモラルに関していくつかの補足的な解説をするにとどめよう。

サルトルは逆説的な思想家であるとしばしば言われる。そのなかでも最大のパラドクスは、サルトルの与えた影響が〈主体の責任〉という実践の思想であったにもかかわらず、それに関する理論的著作を完成することができなかったことであろう。モラルによせる関心はサルトル思想を貫通する背骨であり、文学と哲学を結ぶ蝶番であり、アンガジュマンという考えは二十世紀思想へのサルトルの最大の寄与である。にもかかわらず、倫理に関する著作の不在ゆえに、これまでサルトルの倫理思想は、『存在と無』、『実存主義とは何か』、『聖ジュネ』、『知識人の擁護』などに見られる断片的な記述から再構成して考えるほかなかった。サルトル自身、ありとあらゆる場所と機会に、自由と責任を主軸としたモラルを提唱しながら、理論的な枠組みを与えることには結局は失敗した。その理由を問うことは意味のある仕事であろうが、ここではサルトルが〈モラル〉に関する著作を構想したことが生涯に三度ほどあり、その試みがそのつど頓挫したことを指摘するだけで満足しよう(3)。三つのモラルを図式的に整理しておけば次のようになる(4)。

第一期　本来性のモラル（一九四五～四九）

『存在と無』の結論でモラル論を約束したサルトルは、戦後すぐその執筆に取りかかった。実際、二千頁ほど書いたともいうし、一時期はガリマール書店の〈哲学叢書〉の一冊として「人間」というタイトルの著作の広告が出てもいた。内容に関しては、サルトル自身、『存在と無』の存在論を基盤としたこのモラルを顧みて、観念論的で個人主義的であったと批判しているが、サルトルの倫理思想として一般に流布しているのはこの時期のモラルである。それは端的に言えば、構造的に自由である人間的現実が自らの根源的な自由を真に認め、自由の相互承認をすれば、モラルは可能である、というものである。〈疎外から解放へ〉というこの図式で鍵となるのは、いかにすれば自己欺瞞から脱出し、本来的な実存を見出しうるかであり、このような回心は非共犯的な反省によって可能であるとサルトルは『倫理学ノート』で主張した。しかし、肝心の非共犯的反省がどのようにしたら可能なのであるかは明確にできず、サルトルは結局、この試みを放棄、草稿の多くは散逸した。残ったノートが、六〇〇頁もの大部の形で『倫理学ノート』として死後出版された。

第二期　弁証法的モラル（一九六三〜六五）

『弁証法的理性批判』を脱稿したあと、サルトルは再びモラルに取り組んでいる。それは直接にはコーネル大学から受けた講演依頼をきっかけとしたものであった。内容的には、モラルと政治とが不可分な形であることが確認され、社会・歴史的次元が次第に前面に出てくる。各人の回心がどのように可能であるかを解明するよりは、むしろ歴史・社会的状況と個人の関係にウエイトが置かれ、媒介性が重要な概念として浮かび上がってくる。主体性が根本的な契機として保持されているとしても、それは個人的実践のもつ媒介こそが歴史の可知性の基盤であるかぎりにおいてであって、結局は歴史の展開とモラルの展開は同一視される。真のモラルとは、歴史のうちにある人間的現実を導き、それを通して歴史を導くことであるとされる。部分的に参照可能な資料としては、「ローマ講演」、「コーネル大学草稿」などがあるが、いまのところ完全な形では公開されていない。

第三期　対話論理的モラル（一九七五〜八〇）

フローベール論刊行後、サルトルは三たびモラルへと向かった。当初は一人で書く予定だったが、失明によってピエール・ヴィクトール（ベニ・レヴィ）と共同で執筆することになった。サルトル自身は、共同執筆によって対話論理的な真のモラルになるだろうと抱負を語っている。したがって実現していれば、『存在と無』で捉え損なった直接的な他者の発見に根差し、そのような他者との関係、それも対話を中心としたモラルになっていたかもしれない。しかし、前の二つのモラルとは異り、基盤となる理論的著作もないので、具体的な枠組みは想像しにくいし、「権力と自由」というタイトルで長時間にわたる討論が交わされたもようだが、ヴィクトールとの共同作業の全貌はいまなお知られていない。サルトルの死の直前に発表された対談「いま、希望とは」の内容はあまりにも脆弱なもので、これをもって内容を推し量ることはできまい。

以上のようにサルトルには三期のモラルがあるが、編者アルレット・エルカイムによれば、『真理と実存』は、このうち第一期の草稿の一部をなすものであり、一九四八年ごろに執筆されたとされる。戦後、実存主義が一大ブームとなり、時代の寵児となったサルトルにとってこの時期は、もっとも多忙な時代であった。四八年には『文学とは何か』を発表、戯曲『汚れた手』のほか「黒いオルフェ」「絶対の探求」（ジャコメティ論）などの名評論をも多数発表している。のみならず、『自由への道』第三部と平行して、モラルに関する著作の執筆に専念していたことはすでに述べたとおりだ。時代的に見ると、アメリカとソ連の間に冷戦の始まった時期であり、第三次大戦が回避できないのではないかという不安感が広まるなか、フランスの知識人たちは東西ブロックの間で去就を迫られていた。サルトルはそのような二者択一ではない第三の道を模索するために、ダヴィッド・ルッセなどとＲＤＲ（革命民主連合）を設立し、実践的な行動に向かうことになる（この運動も他の彼の実践的行動と同様、挫折することになるのだが）。本書の執筆にこのような時代背景が色濃く影を落としていることは、編者の指摘するとおりであろう。

　だが、『真理と実存』が〈モラル〉に関する草稿だということに対して疑義がないわけではない。ベルギーの若手サルトル研究者ジュリエット・シモンは、刊行直後に、「現代《レ・タン・モデルヌ》」誌に書評を発表、[5]「認識ないしは真理という存在の型《タイプ》に関する探求が問題」なのであり、その意味でこれはむしろ存在論であって、倫理学を扱ったものと考えるべきではないのではないか、と述べていた。たしかに、狭義の〈倫理学〉という意味でいえば、真理や、その裏面である無知についての考察に多くの紙面を割いた本書にはいわゆる倫理に関する議論が多くは見られないことは確かである。だが、サルトルのここでの意図は「真理とは何か」ということを、ただ存在論の、ましてや認識論の枠組みで捉えようというものではない。本書で論じられる、歴史、真理検証、贈与、無知といった主題を通して、目指されているのは、規範性なき、価値なき、超越性なき倫理の可能性であるように思われる。つまり、これらさまざまなテーマを変奏しながらサルトルが探るのは、まさに学としての倫理が不可能になった時代におけるひとつのモラルのありかたなのだ。それは言いかえると、〈歴史〉を無視してモラルがありえるのかと問うことである。

本書の冒頭は、まさにこのような二律背反から始められている。実存主義が考えるように、普遍には還元されない独自なあり方こそが本来的なありかたなのだとすれば、間主体的な場である歴史は非本来的であり、モラルは歴史との接点を失ってしまう。そうではなくて、史的唯物論やヘーゲルが考えるように、歴史にはなんらかの終焉＝目的があるのだとすれば、歴史がモラルとの接点を失ってしまう。このようなアポリアから抜け出すためにサルトルは、存在と歴史化の関係を探ることからはじめる。本書の出発点にヘーゲルがあることは偶然ではない。ヘーゲルにおいては、真理はこのような絶対者における自己把握であり、そこでは存在と歴史は一致する。だが、ヘーゲル的な歴史観を避けるとするとどうなるのか。それぞれの対自は、意識であるかぎり、主体としての絶対者である。これがある意味でフッサールの超越論的地平からサルトルが継承したものであった。問題は、このような絶対者が複数いるということなのである。

このテクストが編者の指摘するように、ハイデガーの『真理の本質について』に触発されたもの(6)だとしても、ここで問題となっているのは、ハイデガーとの全面的な対話ではない。その基底には先にも述べたようにヘーゲルへの関心があり、マルクス主義との対決がある（また、名指されてはいないものの潜在的な相手としてはメルロー＝ポンティがあるだろう）。ハイデガーの真理論の特徴は、陳述の正しさとしての認識の問題から、〈存在の明るみ〉としての存在の問題へと、真理論を転回した点にある。対応説、整合説、合意説などの真理論がどれも、命題ないしは陳述の真理性がみたすべき条件の規定であるのに対し、ハイデガーが、ギリシャ語のアレテイアを〈隠れなさ〉と捉え、真理を隠れなきものとしたことはよく知られている。そして、たしかにサルトルはここでこのようなハイデガーの真理観から出発している。その意味で本書のキーワードは、dévoilement（暴き出すこと、露現すること）であろう。これはハイデガーの言う Enbergung のフランス語訳である。だが、ハイデガーにおいて Unverborgenheit, non-voilement（隠れなさ・不覆蔵性）が中心にあるのに対して、サルトルにおいては、なによりも、dé-voiler（暴き出す、ベールを剝がす）という能動性が強調される（本書三二頁参照）という決定的な態度のちがいがある。このようにハイデガーから出発しながら、サルトルはすぐ自分の問題系へとそれを強引にたぐりよせ、この言葉をまったく異なる文脈のなかで用いる。サルトルにとって、真理はあくまで、われわれ人間による、人間にとっての真理、人間のための真理なのである。このような真理観が『存在と無』で記述された存在論の延長線上にあることは、言うまでもない。サルトルは、自由である人間的現実 réalité humaine が投企の光のもとで、世界へと関わることによって世界に意味が生じるとしたが、『真理と実存』においては、それが言いかえられ、〈暴き出しによって真理が顕現する〉とされる。だが、もしこれだけのことであれば、『存在と無』からさほどの進展は見られないことになってしまおう。実際、『真理と実存』においてなんらかの新しい展開があるとすれば、それは何よりもひとつの主体によってこのように暴き出された真理が、なぜ他者へと与えられるのか（贈与の問題）、いかにして他者たちによって検証されるのか（真理 - 検証）、そしてまたこの真理の暴露と〈無知〉とはどのような関係にあるのか、という点にまで踏み込んでいった点にある。

真理検証と言うと、科学の命題は事実によって検証はされえないが反証はされると主張したポーパーの名前が頭に浮かぶかもしれない。ポーパーは反証が可能であるか否かを科学と非科学との区別の指標としたのだった。しかし、ここでサルトルが述べている vérification はそのような科学的な検証可能性の問題ではない。真理は絶対的な主体によって暴き出されながらも、その暴き出された真理がつねに他者という他の絶対的主体によって検証されるべく差しだされているということである。別の言い方をすれば、価値の独占化に対する批判が問題となっているのであり、絶対的である真理がいかにして、それにもかかわらず、生きた真理として生成しつづけるかということが問題なのだ。その意味でむしろ、ポーパー以降の科学哲学の進展、ハンソンの理論負荷性やクーンのパラダイム論やファイヤアーベントの認識論的アナーキズムといった真理の相対主義と通じるものがあるかもしれない。いずれにしろ、このような開かれた真理の考えが、贈与としての真理、贈与の倫理へとサルトルを導くことになる。

サルトルが真理の問題を贈与の問題と連結させるのは、真理判断というものが、その性質上、他者を含むからに他ならない。もし真理を暴き出す主体が唯一の絶対者であれば、そのような真理は陳述される必要がない。それを〈見る〉だけで十分なのだ。そうではなくて、われわれが真理を暴き出すとき、それはつねに他者へと向けて暴き出すのだ、とサルトルは主張する。「具体的な贈与なり贈り物が、匿名なものではなく、必然的に宛て先をもっているのと同様に、贈与としての**真理**も匿名ではない」（本書四一頁）。つまり、贈与としての真理とは、すぐれて相互主体的なトポスなのである。これはすでにサルトルが『文学とは何か』で作品理論として提示していたことと深く響きあっている。作家は自らが暴き出す真理を読者へと贈るのであり、作家は読者へと呼びかけるのだとされた。サルトルの倫理と、芸術論が密接に相関していることはしばしば指摘されるとおりだから[7]、ここでは、サルトルが倫理と芸術の根底にひとしく〈générosité〉（寛大さ、贈与性、真の自由）を見出したのであり、『倫理学ノート』や『文学とは何か』でも粗描されるこの〈ジェネロジテ〉という概念こそが、サルトル思想が埋蔵する知られざる鉱脈のなかでも最も魅力的なものであるということだけを付け加えておくにとどめよう[8]。

無知に関する考察もこのような真理観と無縁ではない。真理がこのように〈暴露〉だとすれば、暴き出さないということが何なのかを理解することもまた重要なのである。それは「人間が無知と深い関係をもっており、この無知とのあり方に応じて、自らが何であり、何を探求しているのかを定義する」からである。『倫理学ノート』においてもサルトルは〈無知〉や〈愚かさ〉

bêtise に多くの紙数を割いてるが、ここで展開される〈無知〉論は、『存在と無』で指摘された〈自己欺瞞〉をさらに発展させたものと見ることもできよう。無知であるためには、知らなければならない、という両義的な構造の分析からはじまり、根源的な無知や必然的無知、無知と〈無垢〉innocence（罪のなさ）との関係などが論じられる箇所は量的にだけではなく、質的にも本書の中核をなすものである。

そして、以上のすべての議論が、固有な歴史のうち以外にはありえない個別な実存であるわれわれが、いま何をなすべきなのか、という関心によって裏打ちされたうえで行われているということを繰り返し強調しておきたい。歴史への問いかけが明示的に行われているのは本書の冒頭と最後だけであるが、すでに述べたように、歴史とモラルとの関係こそ、無知なり、真理検証なり、贈与の問題の根底にひそむものなのである。個人としての実存と〈歴史〉との関係は、後期のサルトルの主導的なテーマとなる問いかけであった。『弁証法的理性批判』の主題はそれ以外のものではない。最後の箇所でサルトルが「歴史性と史実化を区別」すると述べ、本格的にこの問題系を扱いはじめ、まさに興味深い議論が展開されるかと見えるところで、まことに残念なことに『真理と実存』のノートは終わっている。だが、完結していないだけによりいっそう本書は、読者の自由な想像力を刺激するのだと言ったら、贔屓のひきたおしだろうか。我々はあたかも制作中の画家のアトリエを訪れるようにこのテクストを読むことができる。読者は哲学の作業現場に立ち会うことで自らもまたこれらの問題を考えはじめ、真理とは、無知とは、ジェネロジテとは何かを、サルトルを越えて問うことへと誘われるのではあるまいか。ともかく、本書『真理と実存』や『倫理学ノート』を通した新たな読解によって、これまでのサルトル像がかなりの修正を迫られることはまちがいないことのように思われる。

（1）『奇妙な戦争』は九五年の新版でその後発見された第一ノートが付け加えられた。『女たちへの手紙』『フロイト』の二冊はいずれも抄訳である。書簡集は二巻本のうち第一巻のみが訳出され、『フロイト』は第一稿のみが訳出されている。

（2）『倫理学ノート』はサルトルの生前にすでに抄訳の形で、鈴木道彦氏が二度ほど雑誌に翻訳紹介している。ジャン‐ポール・サルトル未発表原稿「阿呆論‐「倫理学」断片」『海』一九七六年二月号、二四五‐二六四頁。「倫理学ノート」『中央公論』一九七九年九月号、二二〇‐二二五頁。

（3）モラル執筆の断念の理論的原因の一斑に関しては、『存在と無』の別冊解説で説明したので、そちらを参照されたい。『『存在と無』を初めて読む人のために』（人文書院、一九九九年）一六‐一八頁。

（4）モラルに関してサルトル自身しばしば説明している。たとえばミシェル・シカールによるインタビューでは次のように述べている。「『存在と無』の後、四五、四六年頃、私は同じ方向で、『存在と無』の続編として固有にモラルに関する問題を扱う論考を執筆しようと試みた。私は分厚いノートを十冊ほども埋めたが、結局この試みはうまくいかなかった。［…］それから六三、六四年頃、あるいはもう少し前だったかもしれないが、アメリカの大学で講演する話が持ち上がった。私はそれを承諾し、題を「モラル研究」とした。［…］しかし、ベトナム戦争の問題があり、結局この講演に行くのは取り止め、モラル論は放棄した。［…］そして最近、またモラルに関する本を書くことに決めた。タイトルは『権力と自由』といったものになるだろう」。Michel Sicard, «L'Ecriture et la publication (entretien)», *Essais sur Sartre*, Galilée, 1989, p. 343.

(5) «Les Fables du vrai (à propos de *Vérité et existence*)», in *Les Temps Modernes*, No. 531-533, oct.-déc. 1990, pp. 188-233.

(6) ハイデガーの小論文は、一九三〇年に行われた講演をもとに一九四三年に出版されたが、その仏訳が出版されたのはようやく四八年のことである。『存在と無』執筆時に、サルトルが読んでいたのは、なによりもコルバンによる翻訳「形而上学とは何か」、「根拠の本質について」『存在と時間』(四六-五三節、七二-七六節)、「カントと形而上学の問題」(抄)、「ヘルダーリンと詩の本質」であって、四三年時点でサルトルがドイツ語で『真理の本質について』を読んでいた形跡はない。

(7) その等根源性を踏み込んで論じることはここではできないが、ひとつだけ確認しておきたいのは、超越的規範の欠如こそが、サルトルが倫理と芸術に共通に見出したものであったということだ。

(8) 未来に対する作家の責任もこのような générosité として問題となっている。本書一三五頁参照。サルトルはまた『別れの儀式』でも、同様のことを言っている(邦訳五三八頁参照)。

本書は、翻訳助成プログラムの一環として出版されたもので、フランス外務省、在日フランス大使館、東京日仏学院の援助を受けたものである。

Cet ouvrage, publié dans le cadre du programme d'aide à la traduction, bénéficie du soutien du Ministère des Affaires Etrangères, de l'Ambassade de France au Japon et de l'Institut Eranco-Japonais de Tokyo.

目次

サルトル手帖 ＜CARNET SARTRIEN＞ 45

2021
人文書院

未完の魅力

鈴木道彦

サルトルの長大なフローベール論である『家の馬鹿息子』の翻訳も、いよいよ第五巻が刊行されて完結した。最近は話題になることも少なくなったサルトルだが、彼は実に多様な領域で仕事をした人だった。第二次世界大戦前には、今読んでも少しも古びたところのない小説『嘔吐』を書き、戦争中には彼の実存の思想の中核となる大著『存在と無』を刊行したし、戦後は、小説『自由への道』のほかに、数多くの戯曲を発表するとともに、そのさまざまな政治的思想的発言によって二十世紀を代表する知識人と見なされるようになった。その当時、彼の発する言葉は常に世界中から注目を浴びたものである。とくにアルジェリア戦争やハンガリー事件、そして日本では「五月革命」と呼ばれた六八年の「五月危機」などの際には、彼がどんな発言をするかということに、人びとは強い関心を寄せていた。たまたま一九五六年のハンガリー事件のときにフランスにいた私は、ある日、若い友人がサルトルの「スターリンの亡霊」の掲載された新聞を持って訪ねて来て、「サルトルが書いたぞ！」と興奮していたのを思い出す。それほどに、彼の発言は人びとに待たれていたのだった。

そのような彼の多彩な仕事のなかに、伝記文学とも呼ばれ得る一連の作品がある。その最初のものは一九四七年にまとめられた『ボードレール』だろうが、特に重要なのは一九五二年に刊行された『聖ジュネ』と、一九七一年にまず第一巻と第二巻が同時に刊行され、翌一九七二年に第三巻が出版された『家の馬鹿息子』である。

またそのほかに、アルジェリア戦争（一九五四〜一九六二）当時にサルトルのアパルトマンが右翼のプラスチック爆弾で破壊されたさいに焼失したといわれる『マラルメ論』もある。これは全体で二〇〇〇ページにも及ぶ大著になる予定であったらしく、きわめて重要な考察を含んでいることは、たまたま別な場所に保管されていたために焼失を免れた部分の文章からも容易に推察されるが、これについてはもし別な機会があればそのときに検討することにして、今はふれない。

さて、この『家の馬鹿息子』の冒頭におかれた「はじめに」という文章で、サルトルはこう書いている。

『家の馬鹿息子』は『方法の問題』の続篇である。その主題とは、今日、一個の人間について何を知りうるか、ということだ。この問題に対しては、ある具体例の研究によってだけ答えることができるように思われた。たとえば、ギュスターヴ・フローベールについて、われわれは何を知っているだろうか。このことは、われわれが彼について使える情報を全体化することに帰してしまう。

ここに言う『方法の問題』とは、初め「実存主義とマルクス主義」という題でポーランドのある雑誌に掲載された論文だが、その後に何度も加筆され、一九六〇年の『弁証法的理性批判』の出版にあたっては、その冒頭に、ただし『批判』とは別の作品として掲載されたものだ。これはサルトルの人間理解の方法をきわめて簡潔に語った論文と言ってよいだろう。

さらに、同じ『家の馬鹿息子』の「はじめに」のなかで、サルトルは次のように続ける。

それは一人の人間とは決して一個人ではないからである。人間を独自的普遍と呼ぶ方がよいだろう。

自分の時代によって全体化され、まさにそのことによって、普遍化されて、彼は時代のなかに自己を独自性として再生産することによって時代を再全体化する。人間の歴史の独自的な普遍性によって普遍的であり、自らの投企の普遍化する独自性によって独自的である彼は、両端から同時に研究されることを要求する。

サルトルの『家の馬鹿息子』は、このような考え方に基づいて、『ボヴァリー夫人』の作者ギュスターヴ・フローベールを、一個の独自的普遍として描き出そうとした作品であると言えよう。つまり彼は、十九世紀の一人の作家を例にとって、自分の考える人間理解の方法を例示したことになるだろう。

「今日、一個の人間について何を知りうるか」。これは考えてみると、非常に大胆な問題提起である。それだけに、その回答とも言うべき『家の馬鹿息子』が、これほどの大冊になったのもやむを得ないことだろう。しかし、この作品によって、すんなりと回答が与えられたわけでは決してない。これは結局、回答不能な問題提起でもあって、だからこそ本巻の最後でも、第三部「エルベノンまたは最後の螺旋」の末尾の部分（邦訳第四巻三九五ページ）とまったく同様に、サルトルは改めて『ボヴァリー夫人』を読み直すことに言及しながら、筆を擱かざるを得なかったのだろう。つまり『家の馬鹿息子』は、原書で三〇〇〇ページ近い分厚い三冊の大作でありながら、結局は未完に終わった作品なのである。そこには、失明という著者の肉体的条件もあったけれども、それ以上にサルトルの思想に固有の問題が含まれていると私は考える。

振り返って見ると、彼の作品のなかには、未完に終わったものが少なくない。その典型的な例は、戦中から戦後にかけて書き継がれた大作『自由への道』だろう。これはある意味で、サルトルの抱えた問題の困難さを象徴するような挫折だった。戦前の刺激的な論文「フランソワ・モーリヤック氏と自由」で、作中人物は自由でなければならないと主張し、小説における「神の視点」を排除したサルトルは、その一方で、一九六〇年にあるインタビューに答えて、「もしも文学が全体（tout）でないならば、それは一時間の労苦にも値しない。そのことをわたしは、『アンガージュマン』という言葉によって言い表したいのです」とも言っている。

　これは途方もない野心であり、矛盾した試みだろう。しかも到達された全体は、もはや全体ではないはずだから、これは不可能な目標でもあった。つまり、「全体」を目指した彼のアンガージュマン文学は、初めから挫折を予告されてもいたのである。

　しかしサルトルの魅力は、珠玉のように完成した作品を読者に提示するところにあるのではない。むしろ、破綻を恐れずに、不可能な目標に向かって荒々しく突き進んで行くその過程、その方法にこそ、彼の本質があるのではないか。それは小説でも伝記的文学でも同様である。

　このことは『方法の問題』において、サルトルが次のように述べた個所にも現れている。

> 　われわれは実存主義者のアプローチの方法を、遡行的—漸進的且つ分析的—総合的方法、と定義したい。それは同時に対象（これは段階づけられた意味づけとして時代すべてを包含している）と時代（これはその全体化作用のなかに対象を包含している）との間の豊饒化の力をもった往復運動である。

『家の馬鹿息子』が『方法の問題』の続篇であるということは、この「豊饒化の力をもった往復運動」にこそ示されている。それは飽くまでも運動であって、決して完成され固定された作品ではない。たとえこの作品がさまざまな点で破綻を示しているとしても、同時に随所に汲み取るべき指摘や考察を残しているのはそのためであろう。大胆不敵な問題提起や、破綻を恐れない解決の試み、サルトルの真骨頂は、こうした方法の豊かさにこそ求められるべきであろう。

再録

サルトルとの一時間

海老坂武

四月にしては風の冷たい日だった。定められた時刻の十二時半きっかりに、モンパルナスのラスパーユ通り二二二番地の建物に入る。エレヴェーターで十階まで。この上には屋根裏部屋しかない。『言葉』の中でも書いているように高い所が好きなようだ。エレヴェーターを降りるとすぐ右手のドアがサルトルの部屋。ベルを押すとすぐに彼が出てきた。

サルトルにゆっくり会いたいという気持は七二年四月にパリに落ち着いて以来ずっと抱いていた。日本での「知識人論」を大幅に修正せざるをえないであろう六八年以後の彼の政治的選択について、知識人における〈自己否定〉なるものについて、その他これまでほとんど知られていない十代の少年サルトルの文学的形成について、散逸してしまった初期の作品について、尋ねてみたいことはいくらもあった。しかし、とにかく忙しい人であり時間を作ってもらえるかどうかもわからない。また七一年に一度倒れて以後、健康状態がすぐれぬということも耳にしていた。そして何よりも当時私は、サルトルがライフワークとしている『フローベール論』二巻（その後三巻目が出た）にはまだほとんど手をつけていなかった。先方がもっとも重要と考えている最新の著作を読みもせず、のこのこと出かけていくのは非礼というものであろう。とにかく『フローベール』を読み終えてから、というのが私の気持で会見の申込みはずっとひかえていた。

今年（七三年）の二月ごろではなかったかと思う。サルトルやボーヴォワールと個人的に親しくしている朝吹登水子氏から、「健康状態は相変らずすっきりしないようだ。今できるときに会っておいたら」という意の好意ある助言を得た。朝吹氏は当時、サルトルの病状が悪化するのを真剣に憂えていた。また他方では、『フローベール論』読了まで、などと言っていたら私のことだから何年先になるかわからない、と見すかされていたのかもしれない。

実際、それまでの一年間、私は読書の時間の大半をこの大著に費していたのだが、三巻で三千頁のようやく三分の二近くを読み終えたにすぎなかった。予定ではあと半年が必要だった。ただそこまで読んできて、全体の輪郭——この本の方法と構造——はほぼ摑みえたように思えていた。一巻と二巻との読書を通じて出てきた問いをぶつけてみても、それほど見当違いのことにはならないであろう……。というわけで朝吹氏にさっそく連絡を取っていただくことにした。

ランデヴはははじめ四月三日に予定されたが、気分がすぐれぬとのことで四月九日に延期された。貴重な時間を愚にもつかぬ質問でつぶしてしまっては、と、その日までの四週間、私は『フローベール論』を何度もめくり直して私なりにこの本を整理してみた。整理をしていく途上で宙に浮いていた疑問のあるものは解消され、あるものはそのまま残った。その残った疑問を今度はフランス語で一連の質問の形に練りあげて、頭の中におさめた。

とにかく聞いておけるだけのことを聞き出しておきたいという気持から、私は発音のまずさは忘れて次から次へと質問を繰りだした。それが適切なものであったか、あるいは的はずれのものであったかは今何とも言えない。ただサルトルは、私のどの質問にたいしてもていねいに、率直に、ときには忍耐強く答えてくれた、と思う。

答えの中には分かりきったものもあった。それはそうだがしかし、と言いたいものもあった。それではまったく不十分だな、と思うものもあった。しかし誰を相手にした場合でもそうだが、答えの深度は問いの水準によって決定される。私の作りあげた問いの装置からするなら、彼のしてくれた答えに満足すべきであろう。

『フローベール論』にかんしては三つの発言が特に私の注目を惹いた。第一。彼はこの本が彼自身の個人史とのかかわりの中で読まれることを好まない。あくまでもこれが方法の提示とその実験として、客観的な次元で論じられることを欲している。多くの批評家たちは『フローベール論』の中に一種の自己告白を聞き取ろうとした。しかしサルトルはあるインタヴュの中でこうした読み方を斥けている。だが『フローベール論』を書き始めた時期は『言葉』を書いていた時期とほぼ一致している。彼の描くフローベール像の中に少年ジャン‐ポールを見るのはあたっていないとしても、『言葉』を書くことは、自分の幼年時代を方法論的に振り返る作業は、フローベールを内側から了解するのに大いに役立ったのではないか？

「かもしれない、ありうることだ。しかしそれはね……」と言葉をにごす。要するに『フローベール論』を『言葉』に近づけることを好まないのだ。この点で面白かったのは、方法を実験するモデルとして、彼は当初フローベールとロベスピエールとを考えたということ。これは初耳である。しかし結局は彼はフローベールを選んだのだ。「幼少期の回想がずっと多く残っていた」ので。もし彼がロベスピエールを選んでいたとしても、方法の提示という点では結果は同じだったろうか？　それは何とも微妙なところだ、と私は思う。

第二。実存主義的精神分析の適用というかぎりでは、彼はすでに一九五〇年に『聖ジュネ』を書いている。『聖ジュネ』と『フローベール論』との方法上の相異は何点かあるが、その一つに、前者には、フローベールの幼少期を解く上で二本の太い軸となっている、〈素質構成〉constitution と〈個性形成〉personnalisation という二つのモメントが区別されていない。より正確に言えば、ジュネがいかにしてジュネとなったかという〈個性形成〉に力点が置かれ、この形成の条件とその条件の中で幼児がおのれを構成する、意識的生命以前の前史 protohistoire が欠落している。その理由は、ジュネの幼少期に関する資料が欠けていたためだけなのか、それともまた、〈素質形成〉という概念《ノシオン》をまだ鍛えあげていなかったためでもあるのか。

この問いにたいしては、その両方である、という答えが返ってきた。でもあるとするなら、その後ジュネがさらにいくつかの作品を書いているということは一応考慮外におくとしても、もしも現在ジュネの幼少期に関して必要な資料があり、『ジュネ論』を書き直すとするなら、つまり〈素質構成〉から出発してジュネの全体像を提出するとするなら、結果は異なるものとなるだろうか？

「まず異なるまい。ただ結果はもっと豊かなものになるだろう。それに、真の綜合ができるだろう」

これは予期した答えである。しかし本質的な点においてはそれほど変わらないとすると……私の問いの意味をすぐ了解してサルトルはすぐにその理由をつけ加えた。

「それほど異なるまい、というのは、ジュネというのは、ある種の作家、とりわけ主観的な作家だからだ。したがってその場合、ジュネのうちにある主観的なものという考え方を残す必要があるだろう、私はそうしたのだが……」

ということは、〈素質構成〉と〈個性形成〉とは同じメタルの表裏の関係にありながらも、前者により多くの照明をあてねばならない作家と、後者をむしろ重視すべき作家とがいる、ということを意味するであろう。これまたよく考えねばならない点である。

第三。私の感じでは、『フローベール論』にはいくつかの概念装置（それ自体重要だが）をのぞけば、これまでに知られているサルトル哲学からの大きな飛躍というものはない。これはやはり一つの達成であり、綜合である。ただここには、〈他者性〉の思想の広大な深まりがある。〈他者性〉altérité（われわれでありながらわれわれの手から逃れ、われわれには属さないという人間存在の条件とでも言おうか）はここでは具体的な〈他人たち〉との関係をはるかに越えて、われわれを規定する物質的諸条件から、われわれ幼年期を経て、さらには歴史全体を包みかねない。

そこで私はおそるおそるではあるが、こういう問いを出してみた。なぜおそるおそるかと言えば、この問いは下手をすれば、マルクス主義者であることに固執するサルトルへの全面的な否認とも受け取られかねないからである。「あなたの場合、〈他者性〉という概念 notion は結局のところ、歴史的人間の物質性をも包括する、と言うことができるのか？」

この問いにたいしてサルトルは実に慎重に、ゆっくり答えた。

「そう、お望みならね。そういうことだ。それでしかないというわけではないが、たしかにそうだ。つまり、実際、歴史が作られるのは他人たちがいるということのためなのだが、その瞬間から〈他者性〉というものが現われてくる。歴史においては、常に他者なのだ、自己との関係においてさえ」

〈他者性〉の思想を押しすすめていくと、そこからは、人間についてのペシミズムが否応なく出てくるであろう。しかし、フランシス・ジャンソンも言うように、近年のサルトルのうちには、徹底化したペシミズムと徹底化したオプチミズムとが奇妙な同居を続けている……この点についてももう少し突っこみたいところだったが、どういう形で問いを立てたらよいのか、言葉が出てこなかった。

『フローベール論』について聞きたいことをほぼ聞き終ってみると、予定された一時間の時間はもうほとんど残っていなかった。準備した問いの半分は知識人をめぐる彼の最近の発言に関するものであったのだが。そこで私は問題を一点に集中した。日本の大学闘争の中でも、自己否定＝自己への異議申し立てということが学生や教師の重要な課題として突き出されたことを手短に説明したあと、ほぼ次の意のことを質した。

「問題は、この自己への異議申し立てをいかに具体化するか、ということにつきるだろう。今度の『シチュアシオンⅧ』の中で、あなたは日本でされた知識人論について若干の留保をつけ、〈実践的知識の技術者〉は今日自分の社会的地位、自分の職業にたいして新たな距離を取らねばならない、という意のことを書き足しておられたが、この距離の具体化をどのような形で考えていられるのか」

　むろんこうした性急な問いに、香具師でないかぎり、明快な答えがあるわけではない。私が知りたかったのは彼の答えの方向である。彼は一つの例として、知的労働にたずさわる者が肉体労働にもたずさわる必要を説いた。観念としか接触を持たぬ存在としての知識人たることの拒否、を私の問いにたいする一つの答えとした。二年前のインタビュ〔『シチュアシオンⅧ』に所収〕の中でも彼は、六十七歳にもなると工場に働きに行くこともできないが……という意のことを自嘲的に語っている。だとすると、三十歳、四十歳の〈知識人〉たちはどういうことになるのか……

「学生たちにたいし、工場に行くべきだ、というふうにあなたはすすめるか」

「そう、すすめるだろう」

「勉学を捨てて？」

「捨ててもよいし、肉体労働との関係の中で勉学を綜合しようとしてもよい……」

　サルトルが「人民の大義《ラ・コーズ・デュ・プーブル》」を中心とする毛《マオ》派を支持するのも、彼らが部分的にであれ、この労学統合を実践しているからなのだろう。

　サルトルのアパルトマンは日本流に言うなら二ＤＫというところであろうか。迎え入れられた書斎の中央には仕事机が一つ、左手の壁ぎわには本棚が仕つらえられ、ここに若干の本が雑然と並べられている。その他には木の椅子が三、四脚あるばかりで、装飾品、家具はおろか、ソファー一つない。「一行たりとて書かざる日なし」という生活にとって余分なものがいっさい切り捨てられた、見事な簡素のあふれる部屋だった。

（一九七三年十月記、「サルトル手帖43号」再録）

資料　サルトルがやってきた

1966年（昭和41年）９月、慶應義塾大学と人文書院の招聘で、サルトルとボーヴォワールが初来日を果たした。計３回の講演を行い社会現象ともいえる熱狂をもって迎えられた。半世紀以上たったいま、弊社にのこされた当時の来日スケジュールなどを資料として掲載する。

当時の滞日スケジュール

招へい委員会（慶応大学：人文書院）

９月18日（日）	18時50分東京空港着、空港で記者会見（20〜30分）（ホテルオークラ）
19日（月）	晩餐会（慶応大学）新喜楽（築地）
20日（火）	16時から慶応大学三田校舎で講演（慶応大学） 18時30分から三井クラブでレセプション（慶応大学）
21日（水）	午後、座談会〔世界〕、夜、歌舞伎観劇
22日（木）	13時から日比谷公会堂で講演〈朝日新聞社〉 19時30分からホテルオータニでレセプション〔文芸家協会〕
23日（金）	箱根行（石井好子さんの別荘訪問）
24日（土）	夕刻に箱根から下山して東京着、19時50分から梅若能楽学院で観能の会〈人文書院〉葵上、立食パーティ
25日（日）	
26日（月）	新幹線で京都入り（京都ホテル）
27日（火）	13時から京都会館で講演〈朝日新聞社〉 晩餐会〈人文書院〉祇園十二段家（朝日新聞慰労）
28日（水）	11時から桂離宮見学、嵯峨、西山方面散策の予定 書衾　吉兆（嵯峨）
29日（木）	11時から修学院離宮見学、13時から昼餐会〈人文書院〉 京都博物館見学　南禅寺瓢亭　伊吹、生島、野田先生
30日（金）	奈良行、奈良博物館、東大寺戒壇院、法隆寺、薬師寺 唐招提寺を見学の予定（奈良ホテル）
10月１日（土）	高野山行、高野山から志摩へ向う（志摩観光ホテル）
２日（日）	伊勢神宮等を見学、夜、京都着（俵屋）
３日（月）	大阪でテレビ対談（NHK）
４日（火）	加藤周一、田中澄江氏（神戸、オリエンタルホテル）
５日（水）	神戸港から別府へ向かう、別府泊り
６日（木）	阿蘇を経て熊本泊り
７日（金）	三角、島原、雲仙を経て長崎泊り
８日（土）	福岡泊り
９日（日）	広島泊り（広島グランドホテル）
10日（月）	倉敷泊り（倉敷国際ホテル）
11日（火）	倉敷を汽車で立ち、夜東京着（ホテルオークラ）
12日（水）	
13日（木）	日光行
14日（金）	座談会〔文芸〕〔婦人公論〕
15日（土）	ベ平連の会へ出席
16日（日）	10時　日航機にて離日 離日の直前にホテルで記者会見（20〜30分）

追記　〈　〉内は当該行事の運営担当を示す。〔　〕内は該当座談会の主催雑誌名を示す。

サルトルとボーヴォワールを囲んでの勉強会
ホテルオークラにて（1966.9）
左より朝吹登水子、二人おいて白井浩司、鈴木道彦、平井啓之、海老坂武

奈良で鹿にエサをあげるサルトル

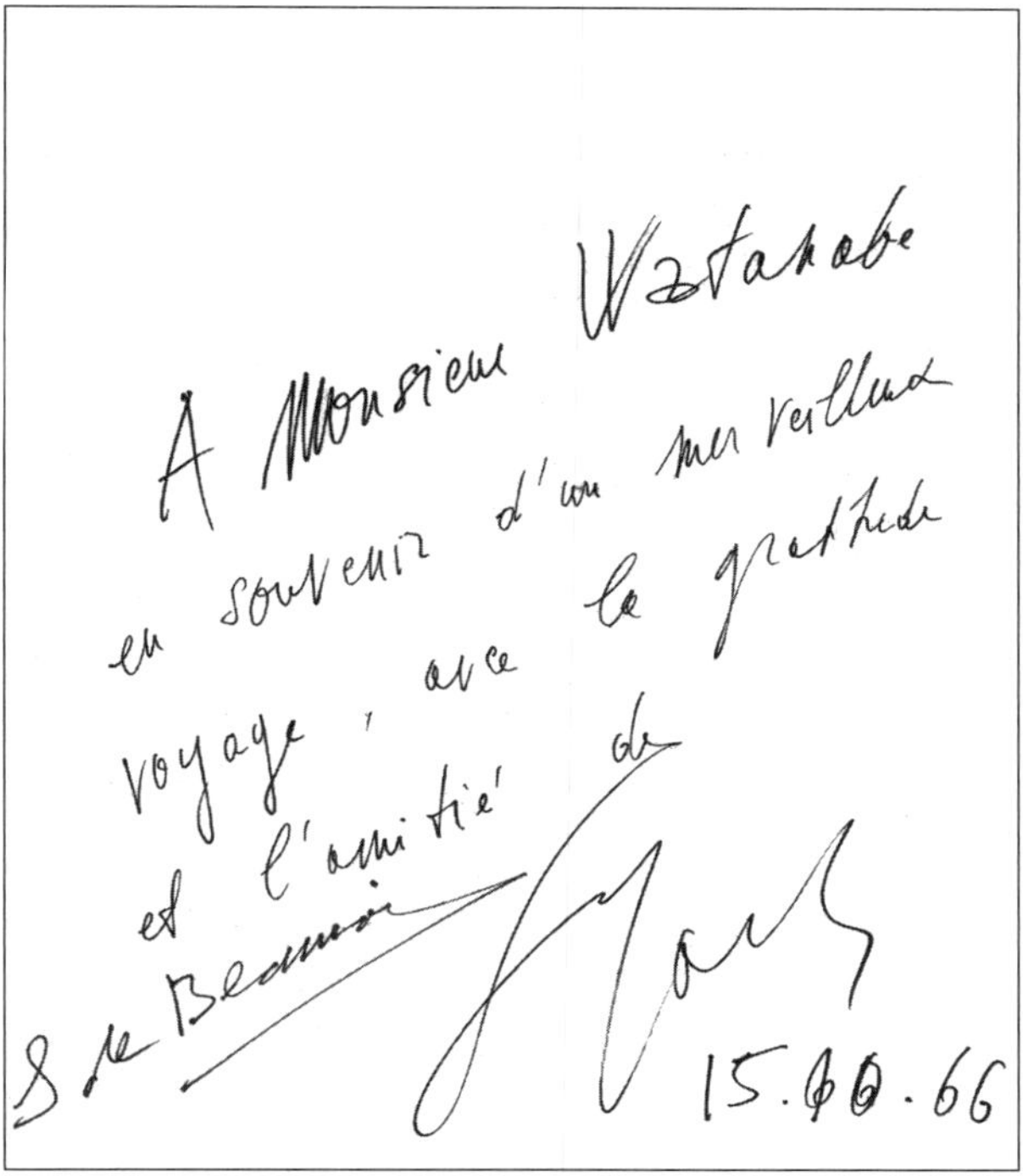
A Monsieur Watanabe
en souvenir d'un merveilleux
voyage, avec la gratitude
et l'amitié de
S de Beauvoir
15.10.66

すばらしい旅行の思い出に
感謝と友情をこめて
1966年10月15日　サルトル　ボーヴォワール

人文書院サルトル著作リスト

1950	自由への道　第Ⅰ部 分別ざかり	佐藤朔／ 白井浩司（訳）	（全集1）
1950	壁	伊吹武彦／ 白井浩司（訳）	（全集5）
1951	汚れた手	白井浩司／ 鈴木力衛（訳）	（全集7）
1951	嘔吐	白井浩司（訳）	（全集6）
1951	自由への道　第Ⅱ部 猶予	佐藤朔／ 白井浩司（訳）	（全集2）
1952	悪魔と神	生島遼一／ 山口平四郎（訳）	（全集15）
1952	恭しき娼婦	伊吹武彦／ 加藤道夫（訳）	（全集8）
1952	自由への道　第Ⅲ部 魂の中の死	佐藤朔／ 白井浩司（訳）	（全集3）
1952	唯物論と革命	多田道太郎／ 矢内原伊作（訳）	（全集10 へ収録）
1952	文学とは何か	加藤周一／ 白井健三郎（訳）	（全集9 へ収録）
1953	アメリカ論	渡辺一夫（訳）	（全集10 へ収録）
1954	歯車	中村真一郎（訳）	（全集21 へ収録）
1954	水いらず	伊吹武彦他（訳）	（全集5 へ収録）
1955	実存主義とは何か	伊吹武彦（訳）	（全集13）
1955	想像力の問題	平井啓之（訳）	（全集12）
1956	狂気と天才	鈴木力衛（訳）	（全集14）
1956	ボードレール	佐藤朔（訳）	（全集16）
1956	ネクラソフ	淡徳三郎（訳）	（全集17）
1956	存在と無　Ⅰ	松浪信三郎（訳）	（全集18）
1957	スターリンの亡霊	白井浩司（訳）	（全集22 へ収録）
1957	賭はなされた	福永武彦／ 中村真一郎（訳）	（全集21）
1957	哲学論文集	平井啓之／ 竹内芳郎（訳）	（全集23）
1957	アルトナの幽閉者	永戸多喜雄（訳）	（全集24）
1958	存在と無　Ⅱ	松浪信三郎（訳）	（全集19）

1960 存在と無 III 松浪信三郎（訳）（全集20）
1962 方法の問題 平井啓之（訳）（全集25）
1962 弁証法的理性批判 I 竹内芳郎他（訳）（全集26）
1963 マルクス主義と実存主義 森本和夫（訳）
1964 言葉 白井浩司（訳）（全集29）
1964 シチュアシオン II 加藤周一他（訳）（全集9）
1964 シチュアシオン III 小林正他（訳）（全集10）
1964 シチュアシオン IV 矢内原伊作他（訳）（全集30）
1965 弁証法的理性批判 II 竹内芳郎他（訳）（全集27）
1965 シチュアシオン I 佐藤朔他（訳）（全集11）
1965 シチュアシオン V 鈴木道彦他（訳）（全集31）
1966 シチュアシオン VI 白井健三郎他（訳）（全集22）
1966 シチュアシオン VII 白井浩司他（訳）（全集32）
1966 トロイアの女たち 芥川比呂志（訳）（全集33）
1966 聖ジュネ I 白井浩司他（訳）（全集34）
1966 聖ジュネ II 白井浩司他（訳）（全集35）
1967 サルトルとの対話 加藤周一他（訳）
1967 生けるキルケゴール 松浪信三郎他（訳）

1967 知識人の擁護 佐藤朔他（訳）
1973 弁証法的理性批判 III 竹内芳郎他（訳）（全集28）
1974 シチュアシオン VIII 鈴木道彦他（訳）（全集36）
1974 シチュアシオン IX 松浪信三郎他（訳）（全集37）
1975 反逆は正しい I 鈴木道彦他（訳）
1975 反逆は正しい II 鈴木道彦他（訳）
1977 シチュアシオン X 鈴木道彦他（訳）（全集38）
1977 サルトル 自身を語る 海老坂武（訳）
1982 家の馬鹿息子I 平井啓之他（訳）
1985 奇妙な戦争 海老坂武他（訳）
1985 女たちへの手紙 朝吹三吉他（訳）
1987 フロイト シナリオ 西永良成（訳）
1988 ボーヴォワールへの手紙 二宮フサ他（訳）
1989 家の馬鹿息子II 平井啓之他（訳）
1994 嘔吐（新装改訳版） 白井浩司（訳）
1996 実存主義とは何か 伊吹武彦他（訳）
1998 文学とは何か 加藤周一他（訳）
1999 存在と無 上 松浪信三郎（訳）

1999	存在と無　下	松浪信三郎（訳）
2000	植民地の問題	鈴木道彦他（訳）
2000	自我の超越・情動論素描	竹内芳郎（訳）
2000	真理と実存	澤田直（訳）
2001	哲学・言語論集	鈴木道彦／海老坂武他（訳）
2006	言葉	澤田直（訳）
2006	家の馬鹿息子Ⅲ	平井啓之他（訳）
2010	嘔吐　新訳	鈴木道彦（訳）
2015	家の馬鹿息子Ⅳ	鈴木道彦／海老坂武他（訳）
2021	家の馬鹿息子Ⅴ	鈴木道彦／海老坂武他（訳）

真理と実存

凡例

本書は Jean-Paul Sartre, *Vérité et existence*, Gallimard, Paris, 1989 の全訳である。

一、原文には小見出しはないが、読者の便宜のために訳者が余白に記入した。

一、読みやすさを考慮して、訳者の判断で改行を適宜加えてある。その際、英訳および独訳版を参考にした。

一、フランス語版はサルトルのノートの特徴を生かして、左ページを余白とし、後からの書き込みを入れているが、本訳書ではその部分はまとめて後に収録した。

一、原文における《 》は「 」、( )はそのまま表示し、大文字はゴチックで、イタリックの箇所は傍点を付して示した。

一、訳文中、読者の理解のために訳者が補った言葉は、〔 〕で囲み文字を小さくしてある。

一、巻末にある索引は、原著の索引をもとに訳者が適宜補って作成したものである。

コンテクスト

「したがって、私は今日のモラル［…］を探求している。私は、一九四八年においてひとりの人間が自分と世界とに関してどのような選択ができるのかを解明しようと試みる」。道徳に関する探求が予告された『存在と無』の出版（一九四三）から『弁証法的理性批判』の出版（一九六〇）までの十数年間、サルトルは実際この主題に関する哲学研究に打ち込んだが、その成果は彼の生前には明らかにはされなかった。彼の二大著書の間にはどんな関係があるのだろうか。『存在と無』の結論で予告された計画は、『弁証法的理性批判』では、暫定的ないしは決定的に放棄されたのか。それとも、『批判』は「モラルの樹立」というサルトルの最初期からの目的によりよく近づくために必要な迂回と見なされるべきなのだろうか。

ジャン゠ポール・サルトルの死から三年たった一九八三年、我々は一九四七―四八年に書かれた草稿のすべてを『倫理学ノート』として出版した。これによって『存在と無』以後のサルトルの思想の軌跡を辿ることが可能となった。サルトルはこの遺稿のなかで殊に道徳における価値の支配の問題を扱っているのだが、それは『存在と無』の最後の部分で展開された自由の概念を考慮してのことであった。その考えをまとめれば、〈〔自由〕そのものを価値として捉えることは可能だろうか。それとも必然的に、自由はそれにつきまとう何らかの価値との関係において定義されるべきであろうか[1]〉、というものになろう。『倫理学ノート』に続いて、一九四八年に執筆された『真理と実存』によって、読者はサルトルの足取りをさらに追っていくことができる。本書は、我々が知る限り、壮年期のサルトルの遺稿の中で、唯一完全なテクストとしてまとまっているものである。これは第一稿であり、サルトルは手帖の左のページを補筆のために空白のままに残しておいた。それらのページのいくつかには発展されるべきアイデアや、第二稿の段階で既述部分に組み込まれるべきアイデアなどが覚え書きとして記されている。読者がサルトルの仕事の状態を判断できるように、本書ではこの草稿の特徴をそのまま復元することにした。*（この試論の最後のページに、サルトルは横線を一本引いて、その後に道徳論の新しいプランを書いているが、これは補遺として収録した。）

モラルに関する著作を構築することに専心していたサルトルが真理の問題に逢着せざるをえなかったのは、ある特殊な光の下であると言ってよかろう。彼はすでに『倫理学ノート』でこの問題を集中的に扱っていたのだが、その際にはヘーゲル的な生成される真理という立場《ポジション》が特に検討された。数カ月後、サルトルは、出版されたばかりのハイデガーの講演『真理の本質について』の翻訳を受け取った。本書では何度もこの論考への言及があるが、ハイデガーを読んで刺激を受けたサルトルが本書を構想し、おそらく一時期は公刊も考えていた可能性は高い。もっとも、サルトルはここでハイデガーの思想にかなり距離をおいているのだが、それは彼らの目的が異なるためである。ハイデガーが存在の真理を目指しているのに対して、『存在と無』の作者にとっての問題は、——作者自身による書名『真理と実存』が示しているように——真理という概念が実存者間の相互主観性においてどんな役割を果たしているのかを確定することであった。とはいえ、ハイデガーの秘密という概念に対する批判や、その批判が示す両者の倫理領域の間にある対比も読者は見てとることができよう。(2)

本書によって初めてサルトル哲学に接する読者のために、『存在と無』の主要な論点の確認をしておくことはおそらく有益であろう。実際、移行期の作品と見なすべき『真理と実存』は『存在と無』と密接な関係にある。サルトルは存在の二つの領域を区別するが、それはあらゆる現象の存在である即自存在と、対自である意識の存在である。即自存在に関しては、それが存在するということ以外には、何も言うことができない。それに対して、意識の存在は、それが意識している当のものから切り離すことはできず、それゆえ、それ自体としては無である。人間的現実は、(3)意識であるかぎり、自分の行為によって自分の本質を創造する。したがって、この本質は常に来たるべきものである。ところで、人間の全活動の特徴のひとつは、世界を暴き出し、真理の検証を行うという点にある。あらゆる思考、あらゆる実践行為、あらゆる行動が、真理との関係を含んでいる。しかし、サルトルの実存主義が主張するように、神の啓示がない、つまり人間本性の必要と可能性にしたがった真理の観念が神によって贈与されていない場合、真理の保証はいったいどこに求められるのだろうか。

それでも、人間は真理に対して全体化を行う使命がある。だが、このような使命を全うすることはできるのだろうか。それとも、あらゆる真理は断片的で相対的なものに留まるのだろうか。だが、何に対して相対的なのだろうか。ある時代に対してだろうか。たとえば「我々の時代」といった単純な言葉の意味でさえ、無知によって混乱をきたし、問題となるのだ。それにもかかわらず、我々は決断しなければならない。もし人間と人間の彼方との関係がすべて排除されるべきだとしたならば、人間的なものの道徳的真理を検討することは無駄なことになってしまうだろうし、書くこともまったく無駄になってしまうだろう、とサルトルは考える――というのも、この問題はとりわけ作家にとって提起されるべきものだからである――。自分が真理だと思うことを公に告げるとき、このことは誰にとって真理であり、どれだけの期間そうなのか。私の真理は暴き出しであると同時に他者への贈り物でもあるのだ。私の真理はそれを受け取る人を啓蒙する［＝明るみにだす］のだが、それはその人自身の主体性や歴史的な状況といった、私の思い通りにはならない要因にしたがって行われる。私の真理は私のコントロールのきかない結果をもつことになる。存在を明るみにだすことは絶対的な善なのか。それとも私は、自分にとって自明であることの効力や結果にも配慮して、私が知らないものに関しても責任があると考えるべきなのだろうか。我々自身の方へと向かうために、我々にはなんらかの地盤が必要だ。相対的と絶対的、有限と無限、一と多、特異と普遍、サルトルはこのような一見克服不可能ともみえる対立項へとここで立ち戻っている。本書によって我々は、ひとつのモラルを樹立しようというサルトルの計画が、なぜ『弁証法的理性批判』へといたることになったのかを、つまり、歴史の構造と意味や、歴史を考える道具自体に関する根源的な問いかけへといたることになったのかをかいま見ることができる。

一九四八年。冷戦。サルトルが『真理と実存』を書いたのは冷戦の不安な光の下であった。原子爆弾戦争である第三次世界大戦によって人類が絶滅する可能性が、話題の中心にあった。人類の冒険の運命は、不可避の破局的な終焉なのか、それとも無限の進歩なのかという哲学的論争に対して、決定的で不条理な出来事が——サルトルはそれを自分の著作や行為によって回避しようと努めていたのだが——いつでも結論を出す可能性があったのだ。

「したがって、私は今日のモラル［…］を探求している」。晩年の講演のうちにまでその痕跡を見出すことができるサルトルのこの探求は、いまから数年前なら、なんとも時代遅れのものに見えかねないものであったろう。だが、あらゆる自由が不可能になるような世界がやってくる可能性が、再び少なからぬ人によって——たとえ、理由は別であっても——感じられ、種々の倫理委員会が作られる現在、サルトルは我々の同時代人として再び姿を現わすのである。

アルレット・エルカイム‐サルトル

＊本訳書では、書き込み部分は後の頁（一六五頁以降）に一括して収録した。本文該当箇所の上部の欄外に〔↓〇〇頁〕と記し、書き込み部分にも〔↓〇〇頁〕と記して対応を示した。なお、[1][2]……の数字はオリジナルノートの何葉目かを示し、[1'][2']……の数字は同じく書き込み部分の何葉目かを示している（但し、原書には数字を示していない箇所もあった）。

［1］歴史化と本来性

（1） もし、共同存在のあり方が非本来性であるなら、歴史全体が非本来的であり、歴史における行動は非本来性へとつながり、本来性は個人主義に帰する。[4] 逆に、もし人間の本性が歴史の終りにあるのなら、非本来性は歴史的闘争の条件そのものとして、それ自身として望まれなければならないことになる。そうなると、一方で回心に関するあらゆる教義は非歴史主義になりかねないし、[5] 他方で歴史性に関するあらゆる教義は無道徳主義になりかねない。[6]

（2） 存在するのか、自己歴史化するのか。もし、存在するのならば、**歴史**は非本質的である。しかし、**歴史**が意味をもつとすれば、**歴史**そのものがなされることで、人間を存在するようにさせるからである（進歩、弁証法、等々）。**歴史**の冒険家とは、**歴史**へと向けて自己歴史化する者である（それは、自分によって歴史的過程が存在するようにするためであり、自分が歴史的行為者であるようにするためだ）。その場合、目的は何でもよい。[7] 目的が非本質的であることのいまひとつの側面は、運命である。シュペングラー。ひとは、ある運命を受け入れるという遠近法《パースペクティヴ》のうちで自己を歴史化する。つまり、ひとが自己を歴史化するしかたには二通りある。ひとつは歴史的過程とはなるべきことがなることだということを受け入れ、それに参加することであり、もうひとつは、自分の歴史的立場《ポジション》が虚しいものであるということを受け入れることである

［2］

（悲劇的立場《ポジション》）。いずれにしても、目的は人間の意志の外部に生ずることになる。歴史の逸楽はそれ自身のために措定される。これは運命を享受することだ。一方、もし目的が本質的なものだとすると、歴史は手段でしかなくなる。つまり、歴史は本質的な非本質になる。たとえば、歴史はマルクスにとっては、先史となる。だから、存在を享受することができないことを十分承知したうえで、歴史のあらゆる自己満足を拒否せねばならない。そしてこの存在自体についていえば、それは非本来的なもののうちで把握される（幸福や調和のとれた社会など）。なぜならこの存在は、まずは必要性［＝欲求］（飢え、奴隷制に対する蜂起、等々）によって措定されるからである。

（α）人間は**存在**を探求しなければならないが、それは歴史化によってである。人間の宿命は**存在**へ向けての歴史化である。存在は観念＝イデアである。生＝体験、つまり道徳性の領野は、**存在**のため［＝へ向けて］の**歴史**である。

（β）本来性は歴史化のうちに探求されねばならない。[8] **歴史**の終焉＝目的は、歴史に不断に滲入し、歴史になんらかの意味を与える神話である。しかし**歴史**はたえずこの目的＝終焉を遠ざける。[9]

不可知なものや検証不可能なものが人間の外に生ずると考えること、それが実証主義である。人間は自分が認識することのできないものとは関係をもたない存在である。人間の定義は、認識できるものによってなされる。その反定立は、人間を秘密［＝神秘］によって定義することである――これが神秘主義的立場《ポジション》だ。[10] 夜、すべての牛は灰色である。（1）秘密の概念を拒否すること。（2）人間が、認識と無知とによってのみ定義されることを拒否すること。この場合、無知とは可能な認識の不在に過ぎない。確かに、問いは人間によって世界＝宇宙に到来する。しかし、世界が問いかけの普遍的な範疇《カテゴリー》によって明るみにだされるやいなや、問いは、世界から形成されることになる。問いに付された宇宙においては、これらの惑星に人が住んでいるかどうかを知ることは、客観的な問いである。人間は世界に問いかけを到来させる存在である。しかし人間とは、自分に関するものでありながら自分自身では解くことのできない問いかけが、世界のうちで彼へと到来するような存在である。それゆえ、人間は一つの根源的な無知との関係によって定義される。人間はこの無知と深い関係をもっている。この無知とのあり方に応じて人間は、自らが何であり、何を探求しているのかを定義するのである。

[3]

真理と実存

意識は認識ではなく実存である〔→一六六頁〕

制約をうけない実存の唯一のタイプは、ヘーゲルの絶対主観である。[11] 即自は、対自にならなければ崩壊する。不幸にして、複数の意識があり、即自存在がある。意識が個的であるとすると、この絶対主観の何が残るだろうか。まずは、この意識がひとつの絶対的な主体であるということである。なぜなら、意識がまずそれであるところのものは、対自的にそのようなものとしてあるからである。しかし、意識が（絶対的な）対自であるのは、即自に関する意識であるかぎりにおいてである。そして、即自はけっして、自分にとって即自ではありえず、ただ自らがそれではないひとつの意識に対して即自なのである。このようにして、認識が現われる。即自‐対自は存在の純粋なタイプである。だからこそ、意識は認識ではなく、実存なのである（『存在と無』参照）。[12]

存在の二重化は**存在**にとって必然である。もっとも、この二重化は自己への現前に変容をもたらす。絶対主観は非実体的である。しかし、自らがそれに関する意識である即自との関係でいえば、意識は自らが意識する当のものであることはできない。意識が即自を存在につなぎ止めておくのは、即自がひとつの絶対主観に対してあるかぎりにおいてのみである。このように、認識された存在は、混成《ハイブリッド》で不完全な存在である。それは条件づけられていない存在とはなりえない対自存在であり、ひとつの絶対主観にとっての存在となるような対自存在である。主体は絶対的であるが、主体は即自に関する意識以外のなにものでもない。即自は何かであるが、即自がその存在において自らを保持できるのは、自らがそれでないところの絶対主観によってのみである。このように、認識とは、存在を存在の夜から引き出すことであるが、だからといって存在を対自の透明性にまでもたらすにはいたらない。それでも、認識とは、**存在**に存在次元、つまり明るさ luminosité を与えることである。

したがって、真理とは、意識によって**存在**へと到来するある種の次元である。絶対主観にとって、真理はある存在［者］の〈かくある存在〉である。真理について語ることは、コギトのレベルでは無駄であろう。なぜなら、我々がもっているのはただ、なんらかの存在（実存）だけだからである。真理の本質とは、「なんらかの存在がある」というときの「ある il y a」である。真理への愛は、

真理とは新しい存在次元を附与された存在である

[4]〔→一六七頁〕

存在への愛であり、**存在**の現前化の機能への愛である。もし真理の探求が、私とはまるで関係のない**存在**がなんであるのかを規定するだけのことなのだとしたら、それがこんなに人を熱中させることはなかろう。真理が創造であるにしても同様だろう。だが、真理とは、私がそれに新しい存在次元を附与するかぎりにおいての、**存在**そのものなのだ。**存在**は、夜である。明るみにだされた**存在**は、すでに何か別の存在である。明るみにだすことによって、絶対主観は限界にまで達する。その限界において絶対主観は、即自を取り戻し、それを即自かつ対自とすることによって自らの実存を正当化する。しかし、それは非在の越え難い限界である**無**によって止められる。しかしながら、絶対主観は即自との存在の関係をもっている。なぜなら、それはなんらかの即自存在があるための-存在だからである。純粋な出来事として、つまり即自の潜在的な新しい次元として、即自に訪れる即自の開示、それが絶対主観である。このように真理とは絶対的な出来事であり、この出来事の現われは、人間的現実および**歴史**の出現と重なる。

　真理は**存在**のひとつの歴史として始まり、真理は**存在**のひとつの歴史である。なぜなら真理とは、**存在**の漸進的な暴き出し[13]だからである。人間が消滅すれば、真理も消滅する。そのとき、存在は日付のない夜へとふたたび沈み込む。したがって真理とは、**存在**そのものの時間化であるが、それは、絶対主観が**存在**に新たな存在次元である漸進的な暴露を与えるかぎりにおいてのことである。絶対主観は全体化を行うものであるから、真理が全体的であるのは当然である。絶対主観が、**存在**のうちに出現することによって、**存在**の全体性をあらしめる。真理であるのは、**存在**のこの具体的な全体性であるが、それは開示されるのがこの全体性であるからに他ならない。それゆえ、真理は抽象的な「真理」の論理的かつ普遍的な組織ではない。真理は、**存在**が人間的現実の歴史化におけるひとつの「ある il y a」として顕われたかぎりでの**存在**の全体性である。とはいえ、真理はただひとつの絶対主観に対して存在することはできない。もし私が暴き出した顕われを伝達するならば、私は、それを暴き出すという行動とともに、そして私がそのうえにつけた痕跡と選別とともに、つまり輪郭とともに顕われを伝達する。その場合、他の人に渡されるものは、ひとつの即自‐対自である。もし私が「テーブルは円い」と言えば、私は一連の対象[14]のなかから、ひとつのすでに‐暴き出されたもの、つまり、すでに切りとられたものを他者に伝達する。それはまさに私が一本のペン軸（すでに加工された木）を渡すような具合である。そのさい、即自は新たに来る者に対しては、対自として、主観性として現われる。それは即自であるが、それと同時に、ある主観性が即自

主観的なものにおける客観性

〔5〕

に関して暴き出したものでもある（私は自分の同伴者を彼が風景の中から私に示すものに即して判断する）。それと同時に、対自は即自となる。〈映像＝視覚《ヴィジョン》〉と〈陳述《エノンセ》〉を私固有の目的へと向けて超越することによって、私は自らの途上でそれらを対象とするのであり、まさに真理とするのであるが、それは主観的なものにおける客観性が真理であるという意味である。たとえば、ガリレオの観たものが法則となる。

　もしピエールがテーブルを私に示すなら、私はそのテーブルをピエールの意識を通して見る。この段階で新たな絶対主観が宇宙を人間的なものに統合する。実際、対象はもはや即自として暴き出されるべきものではなく、すでに暴き出されたものとして間接呈示されるべきものとなる[15]。つまり、私は暴露を取り戻す。この暴露は、そこにおいて対象が主観的な形式として存在するような〈地〉そのものとなる。私が、対象に関して見ているのは、他者によって〈すでに見られた〉ものであるが、彼は暴き出しを〈それ以上進めなかった〉。もし私がさらに進めれば、発見された総体は主観的なものとなる（主観的有限性こそが私に対して現われ、私の出発点となるのである）。この時、既知のものは、それが限定されたこの暴露でしかないかぎり、ひとつの即自（対象、法則）であり、私はそれを新たな暴露のほうへとこの即自を超出することによってそれを対自として取り戻す。このようにして、真理を発見する絶対主観は他者のためにそれを発見することを望む必要があるが、それは真理が即自の段階を通過した後に、対自として取り戻されるためである。自分ひとりなら、絶対主観にできることは、対自として、かつ確実性のレベルにおいて、暴き出すという行動を生き、実存することだけだ。絶対主観はそれを暴き出すべき即自のレベルで、つまり真理のレベルで、自らに対してそれを顕現することはできない。しかし、もしそれを贈り物とするならば、暴き出されたものは、意味をもつ物《オブジエ》、つまり、指示する物《オブジエ》になってしまい、結局は回収されてしまう。というのは、他者にとってはこの指示が彼自身の行動と一体となった道具になってしまうからである。

したがって、判断というのは、間個人的な現象である。私だけなら判断する必要はない。私は見るのだ。私が判断するのはひとえに他者のためなのだ。判断とは他者に指示を行う一定の身振りであり、客観的であると同時に主観的でもあるのだが（つまり、即自的かつ対自的だ）、それは他者にとってのことなのである。そうはいっても、逆から言えば、私は、共‐存在 Mit-Sein のうちに生きているのだし、私が見るのは他人に指し示すためだけなのでもある。さらに言えば、私はしばしば指し示すことによってのみ、見るようになる。こう

[6]

真理としての即自

して、ひとは他人のために見る。あるいはすでに見られたものを見る。このようにして、絶対主観によって暴き出され、夜から出た即自の新しい次元は堅固なものになってゆく。そして、この即自の暴露が、別の絶対主観にとってはもうすでに実存しており、彼はそれをまず即自として捉え、その後に自分のものにする。これが、**真理**と呼ばれるものなのだ。つまり、それはある対自へと現われた即自なのだが、その時、主観的なものとしてのその出現は、他の対自にとっては即自として暴き出されるのである。そして、逆から言えば、最初に暴き出した絶対主観である私にとって、自分の暴き出しは純粋に生きられたものであったのに、他人によってそれは絶対的客体にされてしまう。たとえ私がそれをまず他人に与えたのだとしてもそうなのである。そうなると、私自身が自分にとって即自になってしまう。というのも私の生きた暴き出しを、他人は認識された真理として返すからである。しかし、私が暴き出しを行う直観を新たに実現するとすれば、私は〈真理‐としての‐即自〉を取り戻し、私の真理は私にとって即自かつ対自となる。このように全体的な真理は具体的な現実なのだ。というのも、この真理は人間の全歴史を通じての顕われの展開であり、顕われとは全体の顕われだからである。しかしながら、**真理**の理想は、全体性として解された主観性によって客体全体を取り戻すことではない。というのも、即自は自らを顕わしながら即自のままに留まるのであり、けっしていかなる対自のうちにも解消されることはないからである。さらに、暴き出す主観性は、自らの暴き出しを即自‐対自へと変換するひとつの主観性をつねに求める。というのも、人類《ユマニテ》は脱全体化された全体性だからである。**真理**の理想とは、存在全体が明るみにだされ、そしてそのままでありつづけることであろう。

その一方で、真理というのは、いわば即自が自分自身を取り戻すことでもあるのだ。というのは、**存在**がつねにある観点に対して暴き出されるために、ひとはこの観点を主観性と見なしがちだが、そうではないからである。主観性とは、たんに明るみにだすことにすぎない。実際、観点は内世界的な言葉によって、客観的に定義されるだろう。たとえば、ペン軸は、光学の物理法則にしたがった網膜の機能によって定義される世界内部の存在に対して、現われるべく現れる。

感覚論の誤謬

感覚論の誤謬は、観点を客観的に定義し、知覚現象がこれらの客観的法則にしたがうと信じたことから来ている。つまり、知覚によっては我々は世界の外に出ることはできないのだ。もちろん、それが知覚であるというなら話は別である。

[7]
〔→一六八頁〕

しかし、知覚とはすでに即自の粗描された倍加 redoublement なのだ。というのも、観点は即自という言葉で（新実在論者が見てとったように）完全に定義できるからである。そして、その外には何もない。あるのは、体系全体を明るみにだすことだけだ。つまり問題となっているのは、**存在**へと現われる**存在**なのだ。ところが現われ自体は非在であり、主観性なのだ。このように閉じることのできない円環がここにはある。しかし、この停止された倍加は、真理に、その実在性という性格を保証する。即自は、超世界的な存在の前に、つまり即自に対して外的で無関心な状態の関係にあるような存在の前に共現するのではない。世界は世界のただ中にある存在［者］に現われる。即自の現われの条件は即自によって定義される。したがって、知覚は世界の内化であり、ある意味では、世界が自分自身に現前することである。私が、ビロードに触れるとき、私が実存させているのは、絶対的でそれ自体であるビロードでもなければ、超世界的な意識の上空飛翔的構造のようなものに［関わるという意味で］相対的なビロードでもない。私はビロードを肉体に対して実存させる。食物は、この世界における世界内存在のための食物として顕われる。したがって、それは絶対的な性質である。したがって、現実とは、真理を顕現させる存在が、世界のうちに存在し、世界に属し、世界のうちで危険に晒されているということなのだ。現実とは、明るみにだす者が、自分が明るみにだしたものによって破壊され（強化され、あるいは、満たされ）うるということなのだ。真理の世界への

贈与としての真理

[8]
〔→一六九頁〕

この帰属性を、あるいは**現実**を、真理が体感されるという、あるいは体験されるという事実として定義することもできるだろう。ある意味では、あらゆる真理（たとえ「科学的」真理であっても）は、危険や努力やリスクとして体験されるのであり、逆から言えば、（怒りや恐怖や羞恥心や愛や逃避や誠実さや自己欺瞞のうちで）体験されたすべてのことは、**真理**を顕現させるのである。

真理は唯一の絶対主観の所有物にとどまることはできない。真理は与えられるためにある。絶対主観は、名前や権力を伝えるように（母姓継承）、自らが見るものを伝える。**真理**は贈り物 don である。しかし、この贈り物が我々を無限に差し向けるのならば、**真理**は危険に晒される。実際、もし**真理**の理想的な要請を私が考慮するのなら、**歴史**がひとつの旋律《メロディー》のように終わる必要がある。つまり、主観性が戴冠する必要があり、**真理**に意味を与え、結論をつける最後の主観性が必要となる。そうなると、**真理**はもはや与えられるためのものではなくなり、その最終的な意味は、安定した自己本位な観想となる。我々は手段となり、最終的意識が目的ということになってしまう。そして**真理**の意味は生きられた贈り物であることではなくなり、観想となる。そしてこの全知の世代[16]は、世界に対して上空飛翔的なひとつの超越を見出すことになる。この世代は、自らの前に可知的で操作可能な諸対象の総集合をもつことになる。かくして我々は、ある存在が上空飛翔によって世界を観想するという旧式な理論に立ち戻ることになる。

それだけではない。もし**歴史**がひとつの目的［＝終焉］をもつのなら、**歴史**は消え去ってしまうだろう。なぜなら、手段［＝中間］は非本質的で、目的［＝終焉］のみが本質的だからである。時間性は否定されてしまおう。生成した真理というヘーゲル的概念（これは正しいものだが）でさえ、**真理**の静態を隠している。なぜなら、真理が生成したということが必要だとしても、この「生成した」は、終焉においては真理の静態的性質でしかないからだ。それはよく生きよく愛したという事実が老年の静態的性質であるのと同様である。かくして、**歴史**が**歴史**としての意味をもつのは、その終焉が破局的な場合のみである。その内的で悲劇的な相剋は、それが一つの目的＝終焉しかもたないのに、最終項を定立することとである。別の言い方をすれば、**歴史**の目的＝終焉は外的限界なのに、内的限界として要請されているのである。また、複数性は乗り越えられないものであるから、複数的意識の概念そのもののうちには、いかなる場合でも全体化はなされえないということが含まれる。かくして、**歴史**の目的＝終焉がいかなるものであるにせよ、それは科学＝知にとっては破局的なものである。というのも、**真理**が決定されないままになってしまうからである。つまり、たとえば原爆によっていま世界が破壊されたとしたら、マルクス主義が**歴史**の解釈として正しいかどうかとか、科学の世界におけるハイゼンベルク、ブログリー、アインシュタインの理論の真の場所はどこかとか、進化論の真の概念は何かとか、メンデルとルイセンコ(17)のどちらが正しかったのか、といったことはけっして決定されることがない。そして今日の科学はそれ以前の諸真理をその真の場所へと統合するのだから、ギリシャの科学までもが、アルキメデスの原理(18)までもが、もちろん、その陳述《エノンセ》そのものがではないとしても、少なくとも意味としては、疑問に付されてしまう。

[9] 真理は具体的な宛て先をもつ

しかし、**歴史**の有限性を発見することによって、哲学は我々を解放する。なぜなら、いまや真理の基準は、それを顕現させる者の決めるという行為によって決定されるからである(19)。具体的な贈与なり贈り物が、匿名なものではなく、必然的に宛て先をもっているのと同様に、贈与としての**真理**も匿名ではない。私は、私の友人、私の妻に呼びかけて、ある光景なりある現われなりを指し示す。そしてこのことによって私は真理の外延をも決定する。つまり、この場合で言えば、私は、自転車で道を通りすぎる人にまで外延を広げようというつもりは毛頭ない。対自は過去・現在・未来との関係のうちで自らの場所について生きられた認識をもち、かつ、絶対的なものとしてこの場所を定義するのだが、このような対自の全体的な歴史化において、諸意識の選択は行われるのだ。この真理は、彼らがそれを生きるために、これらの意識へと与えられる。それが、今日の、そして明日の普遍的具体である。私の能力の定義からして、私は無限に後に続く世代を影のうちへと置き去りにする。私の言い方をすれば、私は自分の真理を彼らに引き渡すのだが、それはあたかも私の歴史の外部にいるような自由［な存在者たち］へと引き渡すかのようにであり、これらの自由［な存在］は、自分たちの望みのままに使うために、この真理を取り上げるのだ。ある意味で、より広大な歴史のなかにある私たちの「歴史の終焉」を私は定義するのだ。有限な歴史を選択することによって、私は歴史の限界を内面化する。これは同時に未来をも定義することだということを理解すべきである。

「自らの時代のために書く[20]」という表現を、自らの現在のために書くという意味であるかのように人々は理解した。だが、それは違う。それは具体的な未来のために［＝へと向けて］、つまり各人それぞれの行為に対する希望と恐れと可能性とによって限定された未来のために書くことなのだ。私がその中で活動する真理の領域を限定するのには、この五十年か百年の歴史で十分だ。真理は主観的である。ひとつの時代の真理とは、存在の発見として生きられたその意味やその風土などである。主観性の点からすれば、シュペングラーが正しい。時代全体が生まれ、そして死ぬのである。客観性の点からすればマルクスが正しい。時代は死すことなく死ぬのであり、その死には確定したひとつの日付はない。時代はやり直され、乗り越えられ、分析される。時代の諸真理は、その意味を変えながら、統合され、またさらに、各人がその生きた過去をその生きた未来として決定する。しかし、シュペングラーもマルクスも客観性・主観性に依拠している点で誤っている。シュペングラーは、死にいたるまで自らを作ってゆく主観的有限性を、運命の名のもとの客観的なものへと滑り込ませる。だが、時代がしかじかの運命をもっていたと決めるのは、次の世代だ。なぜなら、時代は死んでしまっているのだから。マルクスにとっては、前の時代に対して客観的なものを決めるのは現在の時代である。このようにして世代はつながってゆく。しかし、客観的なものの伝統があることによって、ひとは客観性のただ中にある主観性の要素を消そうとする。客観性は断ち切られている。それは主観的なものから恒常的に出現する境位《エレメント》において維持される。そしてそれをあらゆる主観性の骨組みと持続的な原則にしようとするのである。

[10]

〔↓一六九頁〕

生きている真理と死んだ真理

このことは、私が主張する真理が、自分の時代に相対的なもののように私には見えるということを意味するものではまったくない。そんなことには意味がなかろう。真理は私にとって、絶対において真なのであり、私は、それを絶対に真なものとして他者に与える。したがって、それは絶対なのである。ただ、真理が生きたものである時代を決定するのは私なのだ。その真理が生きたものであるのは、他人にとってそれが解明であり、開示であり、アンガジュマンであるあいだだけだ。ガリレオの時代の地球の自転、ハーヴェイの時代の血液の循環、ニュートンの時代の万有引力などがそうであった。その時代に、人々はその真理を欲していた。したがって判断することとは、欲することであり、危険を冒すことであり、開示に命を賭ける［＝アンガジェする］ことである。真理は次の世代に伝わると死んでしまう。このことは、真理が確実性という性格を失うという意味ではない。むしろ、真理は純粋な道具、ないしは、事実の先験《アプリオリ》的で自明な構造になってしまうのである。ある主観性による即自の啓示であった観念が、法則となってしまうのだ。そして、この法則は、次世代にとっては事実となる（地球が回っていることは「事実である」といった具合に）。それは死んでいる。永遠の真理とは、死んだ真理であり、即自へと戻った真理である。だが、真理とは生成したものではなく、生成するものである。生成をやめてしまうと真理は死んでしまう。このことは、真理が虚偽になるという意味ではない。真理は規定されていないものになる。つまり、もはやそれ自身のコンテクストや分節によっては捉えられることがなくなってしまい、新しい有機体を構成するための骨のように扱われる。そうなると、真理がどのようにして生成したのかは、どうでもよくなってしまうのだ。アルキメデスの原理の死んだ生成には誰も興味をもたない。しかし、人間は長いこと、永遠なるものに即して自らの位置を定めてきたために、生きた真理よりも死んだ真理のほうを好んできたし、死の理論であるような**真理**の理論を作ってきたのだ。

［11］ 自由が存在開示の根拠である

真理の根拠は自由である。したがって人間は非真理を選択することができる。この非真理が無知や嘘である。一方暴き出しは、暴き出されたものが元来は隠蔽されていたことを含意している。主観としては、このことは、人間の状態が元来は無知であることを意味する。結局のところ、暴き出しという所作は、能動性［＝活動 activité］である。**存在**そのものを現われるがままにするためには、**存在**を探し求めに行かねばならない。このことから誤謬が発する。このようなさまざまな問題点を我々は検討する必要がある。

すべては観ることから始まり、観ること（直観）に終わる。しかし、純粋に観想的な休息として考えられた観ることは、対象がどのようにしてあるかも、対象の多様な様相 faces も暴き出すことができない。観ることはすでに——たとえ、それが休息している絶対的受動性として実存しえたとしても——何ものかに対する関係であろう。意識は何ものかを把捉する意識であることなしには現実に存在しえないという事実だけからしてそうならざるをえない（『存在と無』における存在論的論証）。しかしこの何ものかは、性質のない純粋な現前であろう。したがって、現前の純粋な永続性や同一性や無変化は、意識が恒常的なものの前で持続することを前提としている。そして、この持続は、それ自身がひとつの行動ではないとしても、あらゆる行動の根拠である。このように、純粋な意識は——そのようなものを考えることができるとしての話だが——**存在**を暴き出すものとして実存するのであって、なんらかの存在様態を暴き出すものではない。対象がどれほど多様であるとしても、多様性という概念自体が統一的な行動によってのみ獲得されうる。実際、純粋な意識は**存在**の内的否定として定義されよう（私はこのことを『存在と無』において示した[21]）。

だが、この否定がすぐさま自らを選択しないならば、それはただの特質のない実存にすぎず、特定化されていない即自存在の否定でしかないだろう。じつを言えば、この関係は——ここでは純粋な抽象として考えられているが——きわめて根本的であろう。というのも**存在**の傍らへの意識の出現は、あらゆる現象の存在としての即自存在を開示するというものだからである。そして、この存在は、存在現象でも特定の存在［者］の存在でもむろんなく、即自の具体的な存在なのである（複数の即自でも、一つの即自でも、あらゆる即自のでもな

投企によって世界は現れる

[12]

〔→一七二頁〕

い。そういったことは事後的な性格づけにすぎない）。したがって、**存在**は意識に対して未分化なありかたで現前する。しかし、このことは、動きがないと想定される出現においてでさえ、意識が行為であるがためなのである（意識は自らを、自らのあるところのものにする）。**存在**が人間的現実へと暴き出されるのは、人間的現実が現前＝現在以外の次元をもっているがためなのであり、また人間的現実が投企としてそれ自身来たるべきものであるがためなのである。ようするに、認識は予測という〈地〉の上で行われるのだ。あらゆる投企は暴き出しであり、あらゆる暴き出しは投企の結果である。しかし、ここで問題になっているのは、諸**存在**の未分化な現前でしかないような何らかの所与がもたらされるような諸瞬間の純粋な継起ではない。将来のほうへと投企し、自らの存在様態を決定するような存在［者］に対して、即自存在は開示されるのである。つまり、真理は行為に対して開示される。あらゆる行為は認識であり（もちろん、たいていの場合、知的とは言えない暴き出しなのであるが）、あらゆる認識は、たとえ知的な場合でも、行為なのである。というのも、知が純粋に継続すること Nur verweilen bei は、受動的な観想ではないからである。

それは対象の実践的な使用を拒否することではあるが、予測を拒否することではない。物理学者は自分の仮定を構築し、自分の実験装置を構築する。まず予見することがなければ、我々は何ひとつ見ることはない。しかし、まさにこの予見や予測それ自体が純粋な所与ではありえない。この予見や予測は我々の記憶の奥底から我々へと到来するのではないし、純粋な連合作用によって思い起こされるのでもないし、ましてや未来の底から我々へと到来するのでさえもないし、神のようなものによって未来の微粒子として送られ、放出されるのでもない。というのも、もしそうだとすれば、我々は新たな仮定によってこれらの予見や予測を解読しなければならないことになってしまうだろうからである。意識の「内容」はまさに即自となり、この即自に対しては予測によって裁定を下さねばならないし、非決定な純粋な現前の状態にこれらの即自を放っておかねばならないことになるだろう。そして我々は結局は何も得られないことになる。むしろ、明らかに我々は自分で行った想定である必要がある。言いかえれば、思念された対象を予測し開示する行動として、自分の想定を現実に生きる exister 必要がある。これがフッサールが「空虚な志向」[22]という言葉で言わんとしたことであり、この志向は未だ欠如している直観を要するのである。しかし、フッサールは彼の時間の理論で、このような空虚な志向が現在をまたいでそれ自体未来であるということを見て取ることはなかった。我々としては空虚な志向の代わりに発見を行う投企を用いよう。対自の豊かさはその投企の多様

［13］

性によって測られるのであり、投企はまさに対自が開示することのできる存在［者］の量を測るのである。

　このように、あらゆる存在開示の根拠が自由であることは明らかである。別の表現をすれば、自由とは自分自身に対して自分固有の投企であるような存在［者］の存在様式である。認識が可能なのは、自由があるからである。カントの言う非時間的な自由が、ここで我々が考察している自己時間化する自由の代りを務めることは絶対に不可能である。というのも、カント的な自由は現象的宇宙の外に留まっているのであり、アプリオリな判断の純粋に総合的な作業は自分自身にとって見通せないものであり、自らの根拠＝理性《レゾン》を自分自身の外にもっているからである。しかしそうだとすると、暴き出すことの可能性は、同じ資格でそれ自身、暴き出しをしない可能性を含意することになる。私が暴き出しを予測するという行為には、同様に、私がこの暴き出しを諦めることもできたという可能性が含まれている。さもなければ、暴き出しは純粋な必然性となってしまい、その場合は先に論証したように、認識でないものになってしまうだろう。認識するとか、暴き出すという考えそのものが、自由に対してのみ意味をもつのである。しかし、逆から言えば、自由の出現が、**存在**を暴き出すような了解や、暴き出すという投企を含意しないことは不可能である。ようするに、真理がなければ自由もない。

　このことは先に我々が暴き出しをしないという可能性に関して述べたことと矛盾するものではない。というのも、自由によって、隠蔽 voile と暴露 dévoilement が同時に存在に到来するからである。そして、自由である人間的現実は、真理に対する自らの責任を必然的に引き受けなければならない。何を決断しようとも、自分とともに**存在**の上に出現した真理が存在しないようにすることは、人間的現実にはできないのだ。ただ、自分が存在へと到来させるこの真理を発見しないことを決断することはできる。自己同一性の原理は、より一般的で根本的な原理の特殊化にすぎない（自己同一性原理は領域的である）。その原理とは、**存在**は認識可能であるということだ。そしてこのことは、**存在**が合理的であることをいささかも意味しない。言いかえれば、存在は一連の数の統一的な法に従うのではない。ただ、合理的にしろ、非合理にしろ、存在はその合理性なり非合理性において暴き出されるのだ。そして、その原因は**存在**ではなく、自由の方にある。自由は先験的《アプリオリ》な範疇《カテゴリー》（たとえ同一性であっても）のうちに入り込むものではまったくない。むしろ、あらゆる前提から自由なものとして自分を意識し、ひとつの所与からどんな仮定でも創出できるし、その気になれば、創出のうちでどんなタイプの存在によっても導かれるままに

自由は自己同一性ではない

[14]

〔↓一七四頁〕

されることができるのである。

イメージを用いて言えば、自由は同一性の原理とはまるで結びつかないのだ。ある存在が同時に、かつ同じ関係のもとに、自分自身であり、かつ他のものであることはできないということを自由は前提としない（心理学や社会の領域で、多くの例を引くことができよう。そのような領域では、同一性の原理はいかなる作用《アクション》ももたない、統制的な作用すらもたないのである——そしてこのことは、全体性として捉えられた人間的現実が問題になっているときは特にそうなのである）。むしろ、自由が前提としていることは、ある存在が世界内にある場合、それを同一的ではない現実のうちに見ることを可能とするような様々の予測を創出する力を、自分がアプリオリにもっているということである。これは、現代数学の原理そのものでもある。ひとは、あらゆる前提によって数学的論理を作ることができる。たとえば、もし私が右から左への演算の結果と、左から右への演算の結果が同じではないような足し算をアプリオリに仮定したとすると、このような演算を含んだ数学を構築することを妨げる理由は——妨げた理由は——何もない。これらの演算を定義するだけで事足りるのだ。この意味で、合理的なものと非合理的なものの対立は自由の根底にある要請によって乗り越えられたと言えよう。この要請とは、存在をアプリオリなしかじかの過

［15］程によって知ることではない。むしろ、自由は原理的に認識なのだから、存在は単純に認識可能だということになる。実際、認識や理性のあらゆる「原理」は外部にある。これらの原理は、隠れた現実や半分露わになった現実を予測するために、それぞれの時代に、自由が創出した道具なのだ。同様に、すべてが悟性によって（つまり、分析によって）、あるいはよく言われるように表象によって、認識可能であると主張するのは論外である。むしろ、行動が自由であり、世界のうちに、つまり、存在のただなかにあるがゆえに、あらゆる行動は――知的なものであれ、実践的なものであれ、感情的なものであれ――、なんらかの存在を暴き出し、諸々の真理を現出させるのである。

　真理は自由な投企にのみ現われるということを我々は先に示した。今度はその逆を、つまり、あらゆる自由な行動とは、暴き出し、開示するものであるということを示す必要があろう。このことは、自由の構造の解明から明らかである。なるほど、あらゆる自由な行動は、ひとつの目的を定立する。しかし、自由な行動は、**存在**のただ中に位置するある存在［者］によって**存在**を超出することである。目的は**存在**へと到来すべきものである。目的は、**存在**を超出し、そのうちに存在を保持する。したがって、目的は**存在**の了解を含んでいる。なぜなら、目的が**存在**へと到来すべきなのは、**存在**のうちにおいてだからである。

同時に、目的という性質上、それは意味作用の統一のうちに現前する諸々の存在［者］を集める。これらの存在［者］は手段となる。そして、すでに説明したように、あらゆる手段の綜合は、目的と区別することができない[23]。このことが意味するのは、目的とは諸手段を明るみにだすような組織化であるということである。かくして、真理の構造は必然的に、存在するものが、存在しないものによって照射されるというものになる。真理‐検証[24]の動きは、存在しない将来から、存在する現在へと向かう。未だ自分自身ではないなんらかの存在［者］によってのみ、真理は**存在**へと到来することができる。超出のなかで、そして、超出によってのみ、**存在**は真理なのである。しかし、このことは必然的に、真理が時間化すること、つまり、真理が前と後という範疇にしたがって現われることを、意味している。実際、**存在**を照射するのは投企なのであるから、**存在**は投企以前には暗闇であり、来るべき目的が現在に近づくにつれ**存在**は次第に明るみにだされていくことになる。目的は、実現されるにしたがって、変更されてゆく。というのも、目的はつねにいっそう複雑化し、より次第に細部まで明らかになった存在の領域を明るみにだすからである。かくして、開示された存在は投企された目的と相関的である。目的がまったく簡潔で未分化なとき、投企のうちで開示される存在はおおまかで抽象的である。私がその実現に努力するにしたがって存在によって目的は詳細になり、また存在を詳らかにしながら目的は反応する。最終的に存在と実現された目的はもはや一つのものでしかなくなる。こうして暴き出しが完結される。

無知から真理が離れて出てくる

[16]

しかしそうだとすると、そこから真理が少しずつ出てくるような無知が(25)根源的に前提されることになろう。別の言い方をすれば、ここで問題になっているのは絶対的な、あるいは外部の無知ではないのだ。たとえば、ある物理的現象がいま日本のある都市で起こっているとする。私はそのことを露ほども考えておらず、それゆえ私の無知に関しても無知である。この意味で、私はそのことについてまったく無知である。しかし、私がそれといかなる関係もなく、それと世界との関係を目指すこともないある一定の事実を考察するときにのみ現実に存在するこの絶対的な無知は、真理と私との根源的な関係を特徴づけるような無知ではない。実際、私の最初の関係は世界全体との関係であって、私の出現がすでに世界に対しての企てなのである。世界は根本的な統一性であって、この統一性は、私の生《なま》で根本的な企て、つまり実存するという企てに相関的なものとして、**存在**のうちに現われる。ところで世界は、存在充実として、また私の可能な投企の無限性と区別されない無限に豊かな物質として、直接的に与えられている。このように私は、世界のうちに出現することによって、この世界の照度［＝明るさ］が私の一貫した可能性であるのだと理解する。このことが意味するのは、世界の真理が直接的に私の可能性であり、私の固有な時間化が真理を時間化する、つまり諸領域を明るみにだすことで世界は次第に詳細になると、私が理解しているということである。このように、すべてが、最初は未分化な姿のもとに与えられており、それは実存するという私の未分化な投企と相関している。そして、私は、自分が自身のありかたを選ぶことによって、世界内の区域のいくばくかを明るみにだすことを選ぶのだということを根源的に了解している。

無知はどこからくるのか

したがって、私が根源的には無知であると言うことは、真理が私の可能性であり、真理が私を待ちかまえており、私とは、真理を世界の内部から到来させる存在であると言うことである。私が無知であると言うことは、私は知ることができることを知っている、と言うことであり、世界はすでに認識可能であると言うことである。ソクラテスが「私は自分が何も知らないということを知っている」と言ったとき、この謙虚さは同時に人間の最もラディカルな肯定でもあったのだ。なぜなら、このことは、すべてが知られうるべきである à savoir ということを前提としているからである。したがって、無知は、世界が謎を私にあかすことを拒むことから来るのではない。事態はまったく反対であって、

存在全体が、私が出現するやいなや、私に現前している。子どもにとっての最初の出会いは、抽象的な感覚などではなく、世界なのだ。私の無知が何に由来するのかと言えば、それは、私が現前しているものを理解するには、将来を目指す［＝思念する］さまざまな行動のうちで自分を時間化しなければならないということによる。人間的現実はいかなるものも受動的に受けとることはできず、常に征服しなければならない。そして、この征服は呪いのようなものによってではなく、自らの存在の様態によって行われる。子どもが何も知らないのは何も行わないからなのだ。何かをするにつれて子どもは学ぶ。ある社会やある種の人たちは伝統の同一の円環の中で永遠に活動しているがゆえに、彼らにとっては真理の暴き出しは止まっている。このような人々は経験からなにも学ばないと言われるが、それは正しくない。なぜなら、彼らの伝統を変えることができるのは経験などではなく、自ら伝統を変えることによって、自らの経験を変えることになるのである。人がある対象を直視できるとしても、行動という観点においてその対象が与えられなければ、それは見えてこないのだ。

このように、**存在**を明るみにだすことは、**非在**から行われる。私は、フランスの現状を、私の政党の現状を、私の属する宗派の現状を、私がそれについて望むものから、つまり私がそうなるようにしようと投企するものから、了解する。換言すれば、**非在**は直接的に、真理の構造として、つまり**存在**を明るみにだすこととして介入する。この指摘が重要であるのは、このことによって誤謬が何であるのかを了解することが可能になるからである。実際、プラトン以来、真理を**存在**と見なし、誤謬を**非在**と見なすのがつねになっている。そこから終わりなきアポリアが生まれる。なぜなら、存在する真理の本性と、存在しない誤謬の本性との間にある異質性は余りにも大きいため、どうしてこのふたつを取り違えるなどということがありうるのかを理解することができなくなってしまうからである。また、**真**、**有効性**、**善**が**存在**の充実として定義されるなら、どのようにして誤謬のある種の有効性などというものが、つまり**非在**の何らかの存在などというものがありうるのかといったことを理解することができなくなってしまうからである。しかし、**行為**の範疇《カテゴリー》が**存在**に対するある種の優位を**非在**に与えるなら、そしてまた真理がひとつの構造なり行動のひとつの契機であるなら、その地平には、ある種の非在があることになる。もし、真理が**存在**のある種の非在であれば、**非在**のなんらかの存在、つまり誤謬があるということがひとめで理解しやすくなる。**虚無**は真理において三つの契機で介入するのである。

虚無は真理に三つの契機で介入する

(1) 即自においては、対自ではない存在を崩壊させる力として介入する。そ

［18］

れは**存在**の**夜**である。

（2）　対自においては、**非在**によって**存在**を明るみにだすこととして介入する。それが含意することは、**存在**はつねに、存在しないもののただ中で宙づりになって現われるということである。それがあらゆる真理の暫定的な性格である。このことはまた時間化の必然性を含意しており、したがって、明るみにだすことが必然的に無知という地の上に現われることをも含意する。というのも、私の投企は私が可能化を行わない諸可能性が形成する差異化されていない地の上にことごとく現われるからである。

（3）　対自と即自との関係においてもそれは介入する。なぜなら、虚無の断層のせいで、即自は対自となることができないし、対自は即自のうちに解消して即自を取り戻すことができないからである。

即自‐対自にとって、誤謬は不可能であろう。だから、ヘーゲルやスピノザにおいて誤謬は不可能なのだ。しかし我々は、まさにここに、〈存在‐しない‐こと［＝で‐ない‐こと］〉Ne-pas-être を見出す。なぜなら、即自は対自ではないからである。もし真理が、このような**存在**と、**存在‐しない‐こと**との複雑な戯れだとすれば、誤謬という、**存在‐しない‐こと**と**存在**との複雑な戯れを、我々はよりよく理解できよう。

即自と予測

即自は予測によって明るみにだされる。しかし、この予測がいかなるものであれ、その客観的本質は即自を思念することにある。[26] そして、なぜ予測が即自を思念することができるかといえば（その形相的な実在に関しては、主観的な志向である）、まさに即自が存在するからである。つまり、私が誤謬を犯しえない現実＝実在は二つしかない。私がそれである対自の諸様態と、即自の現前である。私は、一本の樹を里程標と取り違えて完全に間違うかもしれないし、宵闇のなかで、誰もいないのに「誰かがそこに」いると考えるかもしれない。だが、少なくとも、樹が、少なくとも宵闇が、つまり即自的な何かが、その根源的な暴露が私自身の出現と同時的である何かが、ある。だから、**存在**は明証的なのである。そして、もし即自が存在しなかったとしたなら、私自身は純粋な対自であるのだから、私はそれを構想することすらできないであろう。とはいえ、私は私を襲う即自を予測し、私の目的であるなんらかの目的へと向けて即自を超出する。しかし、この目的は世界のうちにあり、即自を予測することを命じる。この予測はひとつの客観的実在をもっていたのであり、つまり、即自の存在様態を予測しているのである。

たとえば、この「何か」は一本の樹である。この樹は、未だ見られておらず、視覚《ビジョン》に先立っており、視覚《ビジョン》を構成するものであり、樹としては、一つの非在で

[19]

ある。それはその実存を、将来の底の方から私へと到来する私自身の主観性（自己性の回路[27]）としてしかもっていない。しかしそれは、非在であるかぎり、無ではない。それは私ではない何かであり、未だない何かである。それは自分が先取りする即自存在から自らの存在を引き出す。予測は開示された存在を未来へと向けて超出し、この存在［者］からその存在を引き出す。予測は借り物のひとつの存在を、まさに意識のようにもっている。しかし、事態は反対なのだ。意識は、対自という資格で、つまり自己への現前という資格で、即自によって支えられているのであり、即自は即自の思念という資格で、予測を支えているのである。予測はその際、視覚《ビジョン》の主導的な基準と図式の役目を果たしている。なぜなら、すでに述べたように、視覚《ビジョン》は受動的な観想ではなく、行動だからである。何かが樹であると確信することによって、私はこの何かの上に樹を産み出すのだが、それはカントが、〈線を知覚することとは線を引くことである〉と考えたのと同じだ。このことが意味するのは、私が樹の映像《ビジョン》を模倣するということ、私が「樹」という一つの組織のうちに映像《ビジョン》の各要素を引き留めるということである。私は、存在しているものを創造する。もし、即自が樹として自らを見えるがままにするならば、それは、即自がこのようなものとして私の視線において自らを組織し、私の目がそれに対して立てる問いに応答し、こ

認識と創造

の曖昧な塊を「枝として見る」ための試みが成功を収め、もはや私が崩すことのできぬひとつの形が突然、構成されることを意味する。このようにして、私が、判じ絵のうちに帽子を見出したとしたら、私はもはや帽子しか見えなくなる[28]。こうして、私の作業において出現した形は、突然、私に抗して、破壊できぬものとして立ちふさがる。

しかし、同時に、私がそれを崩すことができないのだとしても、私は、無限に生産を行うことができるから、私は、創造的でもあると同時に、受動的でもある。そこにこそまさに、真理の現われ、あるいは、行為のうちに現われる**存在**がある。主観的な観点からすれば、認識は創造と違わないし、逆の言い方をすると、創造とはひとつの認識なのだ。認識のひとつの瞬間［＝契機］がある。しかし、同時に**存在**の固着した現出は自立しており、独立している。それは応答だ。もし、反対に**存在**が「樹として見られる」ことを断固として拒否する場合は、予測は消滅する。その際には、予測はもはや主観性によってだけ支持されているのだが、主観性は予測を客観性の抵当として、つまり客観的志向として、支持することはできない。この観点からすると、予測とは、虚無あるいは存在したことについての単純に主観的な思い出にすぎない。対象は当然問いに答える（もし答えることがなければ、答えないことが、ひとつの答えである。

真理検証

［20］
〔→一七四頁〕

というのもそれは暫定的な非決定のしるしであるからであり、対象は我々の行為の行為的な領域にはないからである）が、問いに対してのみ答えるのである。こうして、少しずつ、投企が複雑になり、目的が近づき、詳らかになり、〈視覚《ビジョン》〉や直観が多様になるにつれ、問いかけも多様化する。対象の検証された答の総体がその真理を構成する。もちろん、投企の光の下の真理を構成するのである。他の投企は、この最初の真理と一緒に他の真理を出現させる。というのも、対象は、それに対して問われた真理以外のものを引き渡しはしないからである（もちろん、答えが問いかけを越えている場合もあるが、それとて、あらかじめ定義された探求の枠組み内での話である。そして、その場合、答えは、どちらかといえば新たに立てられる問いを指示しているのだ）。

　したがって、ある意味では誤謬というものはない。予測はひとつの非在であって、それは予測された即自からその存在を引き出し、検証されるためにあり、もし正しい構築ができないなら、消滅する。そして、目的の実行は検証という行動を通して追求されるのだから、検証の終りが、目的の実現である。ジェームズが言ったように、「プディングの真理は、食べられることにある」。塩入れの中の塩の検証は、私が肉に塩をかけ、私がそれを食べたときに塩味がすることにある。もし、砂糖の味がすれば、それは砂糖だったわけだ。本当を言えば、

検証の反復

私は間違ったという表現を選ぶこともできるのだが、それは検証が私の苦い経験を通して［＝自分を犠牲にして］à mes dépens 行われるからである。実際には、私の予測を解消してしまう否定的な検証のみが問題となるのだ。

　誤謬と言われるものは破局をもたらす検証なのだが、それは功利的な観点からのことである。より犠牲の少ない検証の方を好むことも可能なのだが、それが優位を占めるのは、経済と功利性においてでしかない。とはいえ、検証はつねに進行中なのであるから、即自は未検証である様々な予測によって取り囲まれている。予測は、即自からその存在を引き出し、私から将来という性格を引き出す。だからひとはそれらの予測を問題となっている即自の現在の性質（ただし、蓋然的ないしは可能的な性質）、あるいは、未来の検証の投企と見なすことができるほどである。こうして、この受け皿の（隠れた）底は、私の動作の未来の目的と同様、存在の現在である。

　したがって、現在の［＝現前する］存在は来たるべき［＝将来の］非在である。いたるところで、この現前する存在を取り囲む**存在**の非在がある。特に、一度検証された予測は、予測という性格へと差し戻される可能性が大いにある。私は受け皿を裏返した。検証と直観があったわけである。私は受け皿をもとに戻す。底は私には隠されている。底が現実に存在するかどうかは、再び新たな予測となる。しかし、今回は、これを知と呼ぶことができよう。なぜなら、それはすでに実行された視覚《ビジョン》と関連しているからである。とはいうものの、それは一つの非在であり、その非在はその存在を考察された即自から引き出す。そして、対象の性質から、その不活発さから、私のそれまでの体験から引き出された諸々の理由から、私は対象の知覚そのもののうちにそれを統合することを決意したのである。このことが意味するのは、私はこの底を私の現実の映像《ビジョン》を通していたるところに知覚する、つまり、対象を通していたるところを知覚し、また反対から言えば、この底の方から私は対象物を解釈しているということである。この場合には断言＝肯定がある。それは私の判断のうちにあるのではなく、私の知覚自体のうちにあるのだ。この肯定も依然として行動である。というのも、私は新たな予測の上に、そしてかつての堅固な底から発して、私の視覚《ビジョン》を構成するからである。

［21］
〔→一七五頁〕

　この肯定は自由である。というのは、私は疑うこともまたできるからである。しかし、疑うことは、行動することではない。それはひとつの企てであるから、将来へとある目的を投企することでもある。私は行動することを、つまり危険を冒すことを決意する。このレベルでは真理はリスクである。つまり、**存在**の何らかの非在がある（［この非在は］、その顕われた存在において、将来の、そしてすでに行われたと見なされた真理検証に依存している。別の言い方をしてみよう。その現在の存在の主要な次元そのものがあるのだが、この現在の存在は直観においては与えられておらず、それでいながら不在というその性格そのものにおいて現前している）。そして、**非在**の何らかの存在がある（受け皿の現前する要素は自分の存在を見えざるものに貸す。存在しない、あるいはおそらくは存在しないこの見えざるものが、視覚《ビジョン》そのもののうちに、存在として姿を見せているのであり、全体化のうちでその重さをもっているのであり、対象にその性質を与えているのだ）。そして、**非在**にその存在を与えるのは、まさに**存在**の非在なのである。いやむしろ、**存在**の非在、それが**非在**の存在なのである。

誤謬と非在

しかし、**非在**のこの存在こそが、誤謬の存在なのだ。実際、誤謬においては、**存在**は言われたところのものではなく、したがって言われたものは非在なのであるが、それが信じられ、主張［＝肯定］されるのだから、それでもある種の存在をもっている。この時点から、真なる－物《オブジェ》の外にある運命によって、我々は真理や誤謬と関係することになる。私は、先ほど肉に塩をかけた。そこで、私の右手にある容器を塩入れだと見なす。もし、誰かが私の見ていない隙に、塩と砂糖をすり替えたとしても、私の検証の行動の構造は変更されていな

［22］

い。我々はつねに、非在の支持体であるひとつの存在と関係しているのであって、真理は、その性質を変えることなしに誤謬へと変わったのである。つまり、純粋に検証という視点《ビジョン》の枠をはみ出せば、真理は誤謬になる危険性がある。しかし、我々は検証的視点《ビジョン》の枠をつねに越えることになる。それは、検証が継続的だからである。そして、検証が継続的なのは偶然ではなく、真理が自ら時間化せざるをえないためである。

　したがって、誤謬とは、検証が停止されるということの、あるいは再開されないということの、恒常的なリスクだと言えよう。もし私が検証を中断するならば、私が中断したレベルで捉えられた対象が真か偽かは、私に依存しない。検証は循環的で持続的な過程でなければならない。しかし、対象の検証とは、対象を私の目的のために使用することなのであるから、検証は、使用が続くかぎり、循環的かつ持続的に行われる。私は、受け皿を使う、したがって、私は私の知へと立ち戻るのだが、その際、知は再び予測になってしまい、そのつど自らを無効にしたり、自らを「真だと」検証したりする。運動のうちにある真理は誤謬となることはできないのであり、予測はここでは真理となってとどまることはないのであり、予測の非在は暫定的なものであり、予測は視覚《ビジョン》のための操作上のたんなる図式なのである。誤謬は停止であり、引き伸ばされた瞬間であり、受動性であり、あらゆる受動性と同様外部から条件づけられている。もし、検証が中断されたなら、塩入れの中に塩が入っているか否かを決定するのは純粋な偶然である。それに対して食事の間中、塩入れを持続的に用いることは、切り離されて捉えられた各瞬間が全体的な経過においては危険性をもつとはいえ、絶対的な真理検証である。したがって我々は、このことから、少なくとも、あらゆる誤謬は、対象が人間的主観性との道具的関係のうちにとどまるかぎり、暫定的なものであるということを結論することもまたできる。というのも、遅かれ早かれ、真理検証の過程が再開されるからである。——あるいは、そうでないとすれば、対象は虚無に埋没し、誤謬は忘却に埋没することになってしまうだろう。

誤謬は真理にとって不可欠である

真理を可能にするのは誤謬なのであるから、誤謬が真理にとって必要であることは当然である。誤謬の可能性がなければ、真理は必然的なものになってしまい、もはやそのとき真理は真理でなくなってしまう。なぜなら、真理は予測という行動によって自由に構成された視覚《ビジョン》を含むからである。誤謬の可能性が、真理を一つの可能性とするのである。誤謬は、真理検証の過程を停止したり再開しないことを決定した結果として、人間的現実に外部から到来する。しかし、検証過程を停止しないことは、人間的現実に属すのである。そのさいには、間

［23］
〔↓一七五頁〕

違った予測は、誤謬として現われるのではない。それは自らを無効とし、視覚《ビジョン》の構築に必要な条件であるようなたんなる試みとして現われる。

したがって、死や世代交代や暴力などによって検証が停止するという点から見れば、人間の歴史を人間の誤謬の歴史と見なすことは可能である。一方、各々の停止は暫定的性格のものであり、そのあとすぐに真理検証が再開されるということを鑑みるならば、人間の歴史は進行中の巨大な真理検証と見なすことも可能である。また、実践による真理検証の循環性を見ることもできよう（船は一日中、昼夜絶え間なく何度となく、アルキメデスの原理が真理であることを検証している）。

ただ、ここでも他の場合と同様、もし私が、検証中に、私の停止した真理（ないしは誤謬）を他者への贈り物とするならば、複数性のために、あるいは脱全体化された全体が実存するために、誤謬は実体化することになる。実際、ある絶対主観による**存在**の暴露が他者にとっては即自であり、結局は事実となる（地球はまわっている）ということが本当だとすれば、贈り物が誤謬の贈り物であっても、同じ過程《プロセス》が起こるわけだ。誤謬は事実となり、人類の所有物となる。しかし、その実体の深みにおいては、虚偽である。そして、検証の再開が慣習や伝統によって停止されているかぎり、それは虚偽なものに留まる。つまり、その核心において内的脆弱さに冒されているのである。

そしてひとつの同じ構築が、ある種の見方《パースペクティヴ》からは誤謬であり、他の見方《パースペクティヴ》からは進行中の真理検証の純粋な契機であることもありうる。伝統の疑う余地のない純粋な遺産としてそれを採用して、それ以上先に進まない者にとっては誤謬であるが、さらに先を探求しようとする者にとっては進行中の真理検証である。中世の多くのキリスト教徒にとって、キリスト教のイデオロギーは純粋な誤謬であるが、そのイデオロギーを通して、批判や自由検証「自分の理性の認めたものだけを認めること」の権利を主張することを求めていた異端者たちにとっては真理検証である。アリウス派は、受け入れることのできない神話を理性化しようという試みであり、真理検証の動きのうちにある。両者の観点はどちらも同じくらい現実から遠く離れているにもかかわらず、受け入れがたいと言って神話に固執していた反対者たちの方は誤謬のうちにあるのだ。

［24］ 真理を拒否する可能性

このように**存在**のただ中に自由が出現することによって、無知と知、誤謬と真理が、不可分の可能性として現われる。しかし、真理は行為による照明であり、行為は選択であるのだから、私は、真理を決めるべきであり、真理を望むべきであり、それゆえ、真理を望まないこともできる。真理が存在するための条件とは、真理を不断に拒否することができる可能性である。このように、人間の自由は自らを明るみにだす。実際、人間によって現われるすべてのものは、このような顕現が実存していなかったひとつの地の上に時間化によって現われるのである。しかし、このような先行する地を人間の介入以前の**存在**それ自体と考えるのは間違いであろう。というのも、この時間化そのものが、人間とともに出現するのであるし、〈以前〉ということも人間的なものであるからだ。

このように、**真理**も**善**もない〈以前〉であるこの地は、人間によって世界に到来する。しかし、そうすると、この地が顕現以前（善や結果や真以前）として規定されるのは、その内容においてであって、無差別［＝非決定］の否定性においてではないということになる。このように、地はその内部構造において、未来によって命令されている。逆から言えば、虚無から身を引き離す顕現としての顕現を可能にするのは、この地なのである。このように、両者のそれぞれが他に命令し、他によって命令されている。しかし、以前にあった**虚無**はひとつの状態ではない。それ自体がひとつの可能なものであり、このようなものとして無限定に自らを維持する可能性のうちへと延長されている。暴き出されるべき存在の〈隠蔽された存在〉は、現在であるのと同じくらい将‐来［来たるべきもの］でもある。それは私によって隠蔽されたままである可能性である。

すべては二重の可能性として現われる

[25]

このように、人間の純粋な出現によって世界に到来するすべてのものは、二重の可能性（善と悪、真理／誤謬、美と美でないものなどであり、子どもをもつか／もたないか、話すか／黙るか、といった些細なことにいたるまでそうである）として到来するのであり、このことはその構造に由来するのだ。人は、可能ではあったが拒否された沈黙という〈地〉のうえで語るのであり、可能性としての沈黙という〈地〉がなければ、言葉はその性質からして不可能となってしまうだろう。言いかえると、可能なものは、可能である限り、実現されないこともありうる。しかし、可能なものの非実現は、無ではない、それ自体は対立する可能なものであり、反可能である。つまり反対物の可能性である。かくして、何ものも受け取らず、それによってすべてがなされるべき実存者、それが人間であるならば、このことが意味するのは、人間の行為が、対をなす二つの可能性の間の絶えざる選択であり（このことは熟慮だとか主題化を意味しない）、したがって、何をしようとも、行為自体のうちにおいて、その本質のただ中において、反対物の可能性が含まれているということである。自由は二つないしは複数の外的な可能性の間の、つまり無差別の外部性のうちにあるものの間の選択ではない。自由があるのは、実現されたものも含めてあらゆる行為が、反対の可能性によって定義されるからである。またあらゆる生産が、生産を定義し、生産によって定義される事前性という〈地〉の上で成り立つからである。無知は知を条件づけ、知によって定義される。つまり、無知とは知の可能性であると同時に無知にとどまる可能性としてある。そうだとすれば無知のうちにとどまろうとする意志とは何か。

無が意識と存在を隔てる

真理 - 検証という投企に戻る必要があろう。この投企は必然的に存在への関心を前提としている。実際、暴き出しによって私は存在があるように働きかける。私は**存在**をその夜から引き出す。この暴き出しの瞬間、**存在**以上に私に近いものは何もない。というのも、**存在**はほとんど私になろうとしている、あるいは私がそれになろうとしているからだ。たんなる虚無だけが、ひとつの無だけが私たちを永遠に隔てているからだ。私は**存在**の意識以外の何ものでもなくrien、私を**存在**から隔てているのは**無** Rien であり、私が自分の目的を詳細に描くにつれ、**存在**は詳らかになるのだから、この平行関係《パラレリスム》は私を**存在**の共犯者に仕立てる、つまり、私は**存在**によって巻き込まれているのだ。さらに、明らかに主観的である私の予測に、**存在**は客観的予測として、自らの存在を貸すのである。私の主観性は、予測しながら、その存在を**存在**から借り、逆に存在に対して未来の存在を支持する。**存在**によって、私の未来が**存在**のなかで生じる。私によって、即自存在は未来をもち、おのれ自身へと到来すべきものであるのだ。**存在**から発して**存在**を創出するのだから、また**存在**の表面に**存在**を粗描するために**存在**の上へと戻るのだから、私はまさしく創造者の状況のうちにいることになる。しかし、逆から言えば、私の行動的な視覚《ビジョン》のもとに集まり、私が行う時間的な関係のもとに固定的で破壊不可能なものとして出現することによって（直観は瞬間的ではない、あらゆる直観は自らを時間化する）、**存在**は私の予測の真理となるのだ。あるいは、**存在**は**存在**のうちへと私の予測を流出させるのである。**存在**は、即自のうちに私の対自の投企を刻印する。こうして、**存在**は、**存在**の次元において私の投企を私に呈示［＝現前化］する。

［26］

〔↓一七六頁〕

享受は二元性につきまとう統一性である

　対自が自らでないものに対してもつ、この距離のない、癪《しゃく》に障るような、それでいて逸楽に満ちた近接性は、まさに享受である(29)。ある物を享受するとはどういうことだろうか。それは、存在している物を創造することだ。物を明るみにだし、その物によって、我々が即自の次元では何であるかということに立ち戻らせることである。我々が自らへの現前であると同じくらい、物への現前であり、それでいて我々は物とは判然と違うということである。つまり、享受とは、拒否されながらも、幽霊のように二元性につきまとう統一性である。享受とは、自らが享受するもの以外の何ものでもないにもかかわらず、我々が享受している当のものではないということである。つまり、絶対的な近さにおいて、同一化しつつ我有化するという、魔法めいた粗描なのだ。真なるものを愛するとは存在を享受することである。それは即自のために即自を愛することである。しかし、それは同時にこの分離を望むことでもある、つまり、即自が対自と同一であることを拒むことである。というのも、即自は自分の稠密な密度を失ってしまうからである。それは絶対的な存在の密度の表面ですべる光であろうとすることである。それゆえ、肯定することは、創出されたものでありながら真理検証可能であるような予測によって、また**存在**への真理検証的な回帰によって、あたかも自分が作ったかのように、世界を引き受けることであり、その立場を取ることであり、**存在**の立場をとる（物への加担[30]）ことであり、あたかも我々の創造物であるかのように世界に対して責任を持つことである。そして、実際、ひとは、世界を**存在**の夜から引き出し、世界に新たな存在次元を与えるのだ。真理を望むこと（「私は君が真実を言うことを望む」）、それは何よりも**存在**を優先させること、たとえ破局的な形態においても、それが存在するというただそれだけの理由によって**存在**を優先させることである。しかし、それはハイデガーが言うように〈存在（者）を―あるがままに―存在させておくこと［＝存在放任］〉でもある[31]。したがって、それはあらゆる同一化の狡知を斥けることでもある（非本来的な認識。つまり我有化――認識することは、それを所有することである、等々）。本来的な認識は、犠牲＝自己否定 abnégation であり、本来的な創造もまったく同様である（自分が作ったものとの事後的な関係を拒否すること）。犠‐牲＝自己‐否定とは、**存在**に関して、それが私であること、私に属していること、私のうちにあることなどを否定することである。このようにして見るとき初めて、選択によって引き伸ばされた無知の起源と嘘の起源が理解可能となる。

決断された無知

実際、決断された無知というのがまるっきり間違いとは言えないのは、顕現されていない存在とは実在においてより乏しい存在だという考えをその無知が含んでいるからである。無知と闘うのは、それを否定することによってである。「状況を直視しないことが、いったい何の役に立つのだ」と人は彼に言う。そして、ここでもいつものように、「理性的な」観点は真であると同時に偽でもある。人間的で実践的世界においては、［つまり］存在論の隠蔽されている手段の世界においては、それは真だ。［一方］存在論の世界では、それは偽だ。実際、邪魔になる事実を無視する［＝知らない］ということは、人間の世界では実践的に何の役にも立たない。しかし、次のようなことがある。

[27]
〔↓一七六頁〕

（1）ひとが自分の目的をすでに選んでしまったのは、この世界においてである。このことは、**存在**を組織するある種の照明を前提としており、そのなかで

認識を拒むことの両義性

存在は、あなたに抗して、その逆行率を展開し、破局的な真理検証をあなたに強いる。換言すれば、実践的には、それは不合理なのだ。ラ・フォンテーヌの「魔法のグラス」[32]では、男たちはグラスから飲まないことを選ぶのだが、それは彼らが自分たちの妻が浮気しているかどうかを知りたくないからである。しかし、もし妻が浮気しているならば、遅かれ早かれ彼らは苦痛に見舞われるだろう。人びとに嘲笑され、自分では望まなくても浮気を発見することになり、妻は去ってゆくだろう。つまり、彼らは、結婚することによって、二人であるという企図を選択したのだが、それは生涯にわたっており、何をしようといつも検証中なのである。彼らは夫婦であることの幸福や自分の妻の貞淑等々を望んでいたのだ。そして彼らはそれを望み続けているのだから、検証は無情にも続けられる。検証が体系的に可能であるのに(グラスは組織された活動全体の象徴である)、それを意図的に中断しても、真理検証自体が行為の一つ一つの精密な結果として実施されることになるだけのはなしである。様々な結果は我々の投企の外で生じることになる。つまり、偶然が真理検証の支配者となる——それはまさに**誤謬**の場合と同様である。彼女の行動について妻に訊ねることを私は拒む。こうして、私は調査を指揮するものではなくなってしまう。

しかし、予定よりも一日早く帰宅するという行為が(『千夜一夜』のシャー

[28]
〔→一七七頁〕

リアール王[33]）、浮気の現場に私を立ち会わせる可能性もある。その場合には、発見は私の行為の方針とは無関係に行われるのであり、諸現象の遭遇から生じるのだ。事実、すべてが厳密に進行する。私が旅行に出かけるから、妻は愛人を家に迎える。全体はかくも厳密にできているから、一連の事実を、真実を明かす罠の形で一から十まで仕組まれたようにするためには、嫉妬深い夫が見せかけの出発をするだけで十分だ。夫は妻が愛人を迎えることができるために出発し、妻は夫が旅行に出かけるから愛人を迎え、夫は不意に帰宅するために出発し、彼らの不意を襲うために帰宅し、夫は出発したから、彼らの不意を襲うのだ。しかし、この発見が単なる偶然になるには、夫が本当に出発して、たまたま（たとえば、忘れ物をして）帰宅するだけで十分である。こうして、知らないでいようとすることは、結局のところ自分を偶然の手に委ねることである。

（とはいえ、グラスを飲み干すことを拒むことの両価性《アンビヴァレンス》に注意しておこう。そこにはまた、自分が行ったのではない認識を受動的、観想的に受け取ることの拒否を見ることもできよう。真理とは行為、私の自由な行為なのだ。飲むことを拒む夫は、偶然と受動性とを拒否する。というのも、彼はこの企てがそれ自身、固有な真理検証を含んでいることを見てとっているからであるし、また彼は、真理検証の内部から出現するのではないような、つまり、外部から来るような真理をすべて拒否するからである。我々が匿名の手紙を信じることを拒むのもこのような感情においてであって、それは一人の女性との共同生活という企図に対して外部の介入が加わると思われるからである。認識を拒むことの両義性は、たとえば、私の妻がどこで密会をしているのかを知っている知人が、現場を取り押さえようともちかける場合などに現われる。この勧めを受け入れるということは、企図に対して外在的な真理を、すなわち神の視点からの現われのように突然存在する一つの真理を、受け入れることではないか。それを拒むことは、真理が明らかになっているときに目を意図的につぶることではないか。このような状況に立たされた夫によく見られる躊躇はこの点に由来する。）

（2） すでに構成された真理、つまり、他の人たちにとってその存在充実が展開する真理が問題となっているときは、知らないでいることは効果的ではない。他の人たちがすでに知っていることを無視する［＝知らないでいる］ことが、何の役に立つだろう。その際には、俗に言うように「悪事はなされてしまっている」のだ。私の無知は、即自から存在のある種の次元を取り除くことはできない。この次元はすでに他者によって即自に与えられてしまっている。私の無知が触発できるのは、私の主観性のうちの私だけである。すでに開示されていることを知らない［＝無視する］ことは、より少ない存在で**存在**を触発することではなく、世界とのより少ない関係の中で私を触発することとである。それは私を蚊帳の外に置くことである。以上が合理的なものを正当化する理由である。

しかし、無知は実際、存在論的で根本的《ラディカル》な地平に位置している。それはまだ誰も暴き出していないものを暴き出さないことが問題となる場合である。ある特殊な存在領域に関して、**存在**が開示されるべきかどうかを一般的かつアプリオリに決定することが問題になる場合である。そのさい、知の拒否は、**存在**の[29]暴き出しが即自に追補的な存在次元を与えるということの根源的了解を含んでいる。無知でいようとすることは、まず、**存在**がその夜のなかではより少なく実存するということの了解である。見られていない存在は**虚無**へと崩壊する。それは〈崩壊へ向けての存在〉である。無知［＝無視］は**存在**を崩壊させるがままにすることの決意である。意欲された無知は、了解したり見たりすることの拒否でさえない（人が自分にとって不快なものを見ることを拒むという意味では）。無知は、現在明らかになっているものを了解したり見たりすることを拒むことに関わっており、それはたとえば、私のライバルが溺れかかっているのに、彼が溺死するのを何もせず傍観しているようなものである。それは存在を破壊することでは必ずしもないが、なんら介入することなく、この虚無化の全責任を存在に押しつけ、存在が夜の中に崩壊していくがままにすることである（ライバルを殺すのは私ではない。奴がこの船によじ登れなかっただけなのだし、それはあいつの責任であって、私には責任はない）[34]。無知は「責任をとらない」、つまり、人間的現実の使命が真理-検証にあることに反論するのだ。即自存在は対自存在に対して使命を命ずることはできない。我々は後ほど、無知が矛盾であり自己欺瞞であることを考察するが、それは対自自身がその出現そのものによって自らにこの使命を命じているからであり、対自は根源的に即自を暴き出す超出以外の何ものでもないし、対自が自己に関してもつ意識は、**存在**を超出し暴き出すかぎりにおける自己意識だからである。

無知も認識のひとつの様態である

　このように、投企としての無知は、認識の一様態である。というのも、もし私が**存在**を知らないでいようと望むなら、私はそれが認識可能であることを肯定しているからである。Tは病気になっている危険性があり、結核かもしれないと恐れているのに、医者に見てもらうことを拒んでいる。なぜなら、医者は彼女を危惧から明白に解放することができるが、この危惧を真理だと-検証することもできるからだ。そのさい、可能性であった結核は明確なものとなり、その密度とともに、世界の中に出現し、レントゲンや検査を通して顕われ、それまでは別々だった現われ（熱、等々）の意味となる。結核は存在する。しかし、もしTが医者に診てもらいに行かないならば、存在の過小評価の複雑な事

［30］

実とかかわることになり、それは次のように記述されねばならないだろう。つまり、もし無知が全体的でありえたとするならば（もし結核の可能性すら無視できるとすれば）、結局現実の結核は、存在の虚無として考えることもできるようなこの存在のうちに限定的に留まることになるだろう。その場合、結核が存在するとしても、その存在は誰に対してのものでもないし、それ自身に対して（即自的に）でもない。結核は考慮の対象ではないがゆえに、治療を必要とするものでもなく、Tがそれを前にしてそれを引きうけ、自分の結核に対する責任をとるべきかどうかを選択する必要もなくなる。真理－検証とは、存在しているものを創造することなのだ。Tは、地下や夜の世界の芽生えたばかりの実存しかもっていないものを人間の世界へと接近させることに対して、責任をとることを拒む。彼女は、結核患者であることを自分で選択することを、そして結核を自由に創造することを拒むのである。したがって、彼女は「存在するものを創造する」という定式において、「創造する」という要因は強調するのだが、「存在する」という要因は捨象する。彼女は自分の責任（この場合は自分自身に対しての責任だが、他人に対しての場合もありうる）を前にして、自分の創造の自由を前にして恐れを覚えるのだ。

したがって、後に詳述するように、真理に対する恐怖とは自由に対する恐怖

［31］

なのである。知は、世界のなかにおける存在の出現の共犯者として私を拘束《アンガジェ》し、新たな責任の前に私を置く。貞淑ぶった女の前での猥談は憚られるものだが、彼女は猥談を聞くのを拒んでいるのだ。それが彼女にも関係があるからこそ、彼女はそれを存在させることを拒む。というのも、そんなことを耳にすることは、弱められた仕方でそれを口にすることだからである。(ベルクソンが明らかに示したように、人は、他人の話の内部で再び話すのだ(35))。あの上品な紳士は、肉が大好きで、〈シャトーブリアン(36)〉という作家の名前をもった、奇妙でなんとも形容し難い恰好をした代物は食べるが、屠殺場へ行くこと(不健全な好奇心)は拒否する。もし、彼がそこへ行けば、屠殺場はブルジョアの世界に白日の光のもとに出現することになる。そうなると、屠殺場は現実に存在し、シャトーブリアンは死んだ動物の肉になる。しかし、屠殺場は社会の外に、対自自身が即自の親戚であるような暗い地帯に隠されたままでいるほうがよいのである。動物を殺すのは「獣のような連中」で、現象を支配しない暗い意識の持ち主たちだ。屠殺場は夜の辺境に存在し、その場所に留まるがよいのだ。もし、シャトーブリアンが知によって会食者たちの目前で死肉に変わったならば、肉を食べる紳士《ジエントルマン》は共犯者になってしまうことだろう。

Tの場合に戻ろう。彼女は、自分の無知［＝無視］によって結核が除去されたと主張するわけではなく、あらゆる存在が完遂するこの世界に、つまり人間世界に、結核が組み込まれていることはないと主張しているのである。したがって、いまだ萌芽状態であるとしても、そのまま居座れば、結核はその効力を発揮することになるのだが、その結果のひとつひとつは、受動的に、そして予測されることなく生きられることになる。咳や喀血や熱はそれ自体として生きられるであろう。そして、それらを見ることが可能となるのが予測する行為によってのみである以上、それらは見られることはなかろう。それらは不透明で隔絶した、ほとんど目に止まることもないものとして通り過ぎる。それはちょうど、Nが気づかないMの匂いのようなものである。それは、彼女が悪臭の自由な創造者としての行為（汚いもの、醜いものを創造すること）を行うことを望まないからであり、そのために突然匂いは名前も記憶もない曖昧な不快事のうちに解消してしまうのである。結局のところ、彼女は結核によって死ぬのだが、死こそが無知を完全になし遂げるのである。というのも、死は私に関係してはいるが、原則的に私がその証人ではありえない現象だからである。私にとっては私の死の真理はないのである。この意味で無知は死と関係がある。死とは明らかにされるべきものであり、真理の概念を明瞭にするものである。

実際、死ぬことは、私の主体性のこの出来事なのだが、私はそれを認識する

[32]
〔↓一七七頁〕

ことができず、それゆえそれは私にとっての真理をもたない。しかし、そのいくつかの側面は他の人にとって認識可能であるがゆえに、私にとって認識不可能なこの認識可能なものが、私に許されている無知を規定しているという錯覚をもつ。私の死は、私がそれについて認識しない権利をもった、認識可能な事実であるというわけだ（これはソフィスムだ。なぜなら、もし私がそれを認識しないでいる権利をもつのなら、そのことは、私にとってそれが認識可能ではないということから来ているのであるが、それは他人にとっては認識可能なものであるのだから、他人にとってはそれは「認識すべき」ものである）。しかしそうなると、私の死は、認識不可能な認識可能なものとして、私が行うあらゆる真理‐検証作業を中断し、進行中の検証を決定されてないままに残し、予測について確認も否定もされないまま残すことになる。死は私の認識の不確定性を引き起こすのだ。それは私の知の全体性を無知のなかへと沈める。死はまた現在進行中の科学の研究に対して私の無知を決定する。私の死の存在は知を、非知へと転換する。死の観点からすれば、無知は正当化される。**真理**自体が死によって打撃を受ける。というのも、私が死にいたるまで、私の妻の貞節に関する真理‐検証をしないまま生きながらえることができれば、私は救われるからだ。なぜなら、この浮気を〈実存しかつ暴き出す存在〉が消滅することによって、この問題からあらゆる人間的な意味がとり除かれるからである。私はやがて死ぬし、妻も死ぬであろう。浮気の事実はおそらくその存在を保つであろうが、この存在はもはやいかなる対自にとっても存在せず、取り戻されることはできず、**存在**の人間的な次元の外で生じる。もし反対に私が自分の実存を無制限に続けなければならないとすれば、私が妻の浮気を最後まで知らないでいることができるという蓋然性は非常に低いであろう。そこで反対のことが現われるわけだ。つまり、防御の手段としての無知は、不死によって否認される。

　このように、知らないでいることは、死ぬまで知らないことである。あるいは、忘却まで（制限つきの期間）知らないでいることである。（構造全体を分析する必要があろう。隠蔽をする記憶や、検閲による忘却も含めてである。どちらの場合も、忘却は埋めることだ。忘却と埋没には類縁性がある。人は事件を葬りさる、つまり、地面の下に、存在のより少ない宵闇の地下世界に、埋める。忘却＝象徴的な死）。最後に第三の構造としては、知らないことは、有限性に賭けることである。私は同時にすべてを知ることはできない。私が認識に精を出せば、知らないことも出てくる。というのも、（たとえば、**歴史**を）認識することの条件は、（たとえば、物理学を）知らないことだからである。したがって、知らないでいることは、**存在**に対して有限性の観点、忘却の観点、

[33] 〔↓一七九頁〕

死の観点、受動性の観点をとることである。Tは自分の有限性を利用する。彼女は、自分に演劇の才能があるかどうかの検証に没頭することによって、自分が結核にかかっているかどうかを検証する時間をなくす。結局のところ、それはヒステリックな気晴らしと言えよう。ある領域を常に強烈に明るみにだし、他の部分は影に残しておくわけだ。結局、無知〔=無視〕は否定である。私は痛みや注射の感覚を無視するが、それはもはや脚が言うことをきかないと私が主張するからである。Tは忘却を利用して、**虚無**のうちに自分の病気の現われを沈み込ませて、体の統一的な変化のなかにそれを全体化しない。この喀血は忘れられる。結局、忘却は殺人である。自分の夫を憎んでいるこの心気症患者は、夫の顔を忘れる。Tは受動性を利用して、あらゆる予測を拒む、つまり、無視すべき事実に関係のある自分の自由を否定するのである。彼女は自分の咳を気にかけない、それは彼女に現前しない。彼女はそれを咳としては予測しない。つまり、彼女は咳を明るみにだすために未来という〈地〉から咳の方へと向うことはないのだ。彼女はそれを一連の意味のない痙攣として揺れさせておく。受動性が忘却を容易にするのは当然である。人は自分が組織したもののことしか覚えていないものだ。受動性、気晴らし、忘却は有機的に結びついている。気晴らし（Aに没頭すること）はBが意識にのぼることを妨げないが、たんに意識はこの件に関して受動的である（不感症の女性は快感を感じているのだが、ただ家計のことばかり気にしているので、快感に対して態度を決めないし、現在の内容を超出して、未来のうちにさらなるものを期待しようとはしない。突然、彼女の体が叫び声をあげたり、動いたりしても、彼女はこの純粋な受動性を忘れることができる）。Tは自分の死を利用する。というのも、死は、認識不可能なものであり、同時に彼女の病の反論不可能な証拠ともなるのだが、それは証拠のあらゆる可能性を消滅させ、それは誰にとってのでもない証拠となってしまう。しかし、知ろうとしない者は投企によって、有限性を逃れるために有限性の観点をとる。真理によって開示されるのは、観点の有限性だからである。こうして死を恐れるがゆえに、死の観点をとることになる。というのも、死が真理を消去するのが本当であるとしても、我々が死ぬということは真理であるからであるし、また、そのことによって突然、無効にされていた真理全体が、真理のなかへ再統合されるからである。知ろうとしない者が受動性の観点を取るのは、細菌や、他ならぬ結核に晒されている自分の身体（能動性に必要な構造）の受動性を恐れるからである。

無知とは宿命の世界である

　このように我々は無知の中に、自己欺瞞の引き裂かれた世界を再び見出すことになる。ようするに無知とは、**存在**と関わっていることを拒否することであ

[34]

る。このことが意味するのは、自分を**存在**と結びつけ、**存在**によって巻きこまれたあり方でのみ実存させるような内的否定の関係を、無知が否定するということである。無知は自分と即自存在との間に、たんに無関心な外在性の関係を樹立する。このように、真理と知とは任意なものになってしまう。しかしこの外在関係を肯定するためには、無知は自らの脱[37]-自的な構造を否定しなければならない（無知は真理-検証が自分の条件だということを否定する）。その結果、即自との危うい関係を避けるために、無知は自分自身を即自に変えてしまう。もちろん、このような変容は真には実現できないが、無知はあたかも自分が即自であり、自らが形象するこの即自から疎外されているかのように、自分を扱う。それは、無為に即自-対自を追いかけることではない。ここで問題となっている即自は、それ以外の諸存在には無関心な滲透不可能性としての純粋な即自のことである。その結果、即自は、私が他の場所で示したように[38]、対自との関係で、あたかも自分自身が対自であるかのように生成することになる。

たとえば私が後から来る追手から逃れようとして、枝で隠れて見えない溝のほうへと向って走る場合、私とこの溝との関係は、無関心な外在状態にある[39]。溝は私に対して存在するわけではまったくないし、私の投企はそれをまったく考慮にいれていない（それは、知らないかもしれないという疑いさえもたない、

無知と自己欺瞞

無知‐投企の理想ともいえる、限界‐としての‐無知である）。だが、突然、そこには溝が待っていて、私を襲う。私は一歩ずつ溝に近づくが、私はそれを知らないのだから、対私的にはこの歩みは、私を溝に近づけることも、遠ざけることもできない。その外在性のうちで、この接近の内在的絆を形象しているのは溝のほうなのだ。溝が私を待ち、私に近づき、私の脚を動かしている。外在性のうちにあり、また相互性を欠いたこの内在的関係、あるいは別の言いかたをすれば、投企に関する転倒し固着したこのイメージ、それこそが**運命**と呼ばれるものだ。無知は**運命**への呼びかけなのだ。手当を拒むときによく言われる「**自然**の成り行きに委せるべきだ」とか「死ぬべきものなら死ぬし、助かるべきものなら助かるだろう」といった表現がその証左である。無知な者は、自らの死を生き、自分の自由を拒むことによって、自由が運命（宿命）という形式のもとに彼に返されるような世界へと自由を投企する。無知の世界とは、宿命の世界である。

しかし、他方で、Tは自分の理想を実現できるわけではない。限界‐としての‐無知は、存在とのあらゆる関係を消去することによって、無知であるという自分自身の意識を消去し、こうして即自との忌々しいすべての関係（特に身体に対する即自の脅かし）との断絶を象徴化する。実際、Tは自分が知らない

［35］

ということを知っている。彼女は、自分が何を知らないのかさえ知っている。彼女が医者に行こうとしないのは、医者が彼女に自分の結核を暴き出すことを恐れているからである。したがって、彼女が知らないでいようとするのはまさに結核である。より正確に言えば、彼女は自分が結核にかかっていることを知らないのだ。この場合、（彼女の気散じの投企において）単純にそれを忘れることのほうが都合がよいのである。彼女は結核が可能であることを知っている（あるいは知っていると思っている）。彼女が知ろうとしないことは、この結核が現実のものかどうかということである。ようするに、彼女はこの結核の可能性を忘れることを望むのであり、この真理が現実となった場合には、この結核の真理を知らないことを望むのである。彼女はこの現実の結核に真理を与えることを望まない。このことは違う形で表明されうる。この変更が重要であることを以下に見てゆこう。彼女は結核の実的存在が自分の空虚な志向を充実することを望まない。実際、Tは自分の結核のことばかりが気にかかってしかたがない。それは彼女の「固定観念」であり、「強迫観念」である。彼女はそれを無視しよう、忘れようとすることで頭がいっぱいだ。こうして、彼女の内面の出来事を組織するテーマは、即自的で超越的な存在としての〈結核〉である。

彼女の意識状態の主題的統一として、結核はひとつの存在をもたねばならな

[36]

い。ただ、この存在は借り物の存在なのだ。今や我々はこの借り物の存在が何であるか知っている。それは咳や喀血などから借りられてきたのだ。しかし、結核の現実的観念とは異なり、この借り物の存在は結核の現象を明るみにだすために、またこの現象をそっくり包含した可視的な形を出現させるために、現象へと立ち戻ることはしない。それは（客観的実在性という資格で）可能な存在に留まっている。すなわち、存在と非在の戯れに留まるのだ。そして、借り物の存在として、それを借りてきた主観性によって存在を保っている（それが可能なのは、私がそれを投企するからだ）。それは対自によって取り戻すことのできる即自なのだ。というのも、私はいつでもそれを主観性に転換できるからだ、つまり、私はこの点に関してエポケー[40]を行い、それを私の意識の純粋なノエマ的相関者と見なすことができる。このことから、即自と対自との薄れてゆく別の戯れが現われる。私は時にはそれを存在するものと見なし、それから存在しないものと見なす、つまり可能なものと見なす。また時にはそれを即自と見なす（可能な結核）。また時には**即自的には存在しない**もの（私の不安の産物）と見なす。

　こうして、この戯れにより、私はもちろん結核を私の体験[41]の主題として維持する。しかし同時に、この主題は恒常的に、**存在**より少ない存在しかもっていない。それは私の不安のノエマであり、記号の意味［作用］であり、想像的行為の相関者である。同時にそれは、現実的に行動をおこすいかなる行為とも相関していないから、不確定な将来のうちで保たれている。現在としては（私はたぶん結核にかかっている）、それはより少ない存在である。将来としては（私は結核にかかっているかどうか見るだろう）、それは不確定である。しかし、不確定な将来は、私の将来ではない将来である。私との関係でいえば、それは外在性のうちで生じる。あるいは、逆から言えば、私は私の将来との関係によって無関心な外在性の状態に入るが、このことはただたんに自分の超越性を否定することを意味する。

　実のところ、人間的現実にとって、自分の超越性や自由を手放すことは不可能なのだ。しかし、自らの超越性に抗して何らかの超越性を投企することはできる。可能な行動の総体（医者に行くこと、養生すること等々）は恒常的に投企される他の行動によって遮られるだろう。しかし病人は、自分が医者に行くことを望んでいないことに自覚的であってはならないので（というのも、医者に行くことは、自分の病気に対する明白な決断や責任をとることを前提とするから）、妨げとなる行動は、彼の意志とは独立したものとして彼に現われる必要がある。つまり、医者に行くことをさまたげるようにするのである。たとえば、医者のところへ行くより、あの友人のところへ行くことのほうが重要だといった価値体系を自分に都合よく創り出す。あるいは、世間の諸事のために多忙であり、彼は医者に行くことができない。時間がないというわけだ。身体が彼の弁解に使われる（連鎖を模倣する）。そして結局のところ、それらを統一している主題は不可能性である。つまるところ、超越性は、できないということの下に自分自身を隠すのである。こうして、私を脅かすものにより少ない存在を与えるために、私は自分により少ない自由を与える。そして結局、私は真理の観念そのものを隠蔽する。というのも真理は、より少ない主観性による、より少ない存在の暴露となってしまうからだ。なぜ、より少ない主観性かと言えば、それがより少なく自由だからであり、真の暴露をけっして行うことができないからである。なぜ、より少ない存在かと言えば、それがけっして直観に与えられず、けっして蓋然性を超出しないからである。

見解《オピニオン》は検証を必要としない

[37]

〔→一八〇頁〕

結局、真理が見解《オピニオン》にとって代わられるのだ。見解というのは、もはや**存在**に関して真理検証可能な自由な予測ではない。見解は将来的な性格を失っている。したがって、それはたんなる現在ないしはたんなる偶然として現われる。人は見解をもっているが、なぜなのかは知らない。説明しようとする時には、将来による説明とは反対の説明を探すにちがいない。つまり、因果性（過去）

によって説明したりする。見解は、遺伝や環境や教育からくる。同時に――プラトンは正しかった――見解と相関しているのは**存在**と**非在**との間で存在が戯れる領域である。[42] というのは、映像《ビジョン》＝視覚は**存在**の暴露であるのに、ここでは行動することができないという名目で映像＝視覚が拒否されているからである。したがって、見解は存在の亡霊に関する偶然的な信念である。私は自分の見解に責任はない。[43] 実際、見解は、将来およびあらゆる超越の否定であるから、自由の否定である。見解はこのようなものであるから、私はそれに関して真理検証をしなければならぬ必要性をいささかも覚えない。私はそれに責任がないのだから、どうしてそれが真であるかどうかを探求する義務が私にあるだろうか。結局のところ、見解とはたんなる性格の特徴なのだ。

　ようするに、見解の世界を望むこととは、より少ない真理を望むことである。すなわち、より少ない**存在**を望み、より少ない自由を望み、さらには暴き出しを行う自由と即自との間により弛緩した関係を望むことである。「それが私の見解だ」と言えば、「私としてはこう考えざるをえないが、あなたがその反対だと考えざるをえないということも認める」という意味だ。にもかかわらず、私は誰かがこの問題についての真理を所有しうることができるとは判断しない。というのも、そうなったら私の見解は誤謬になってしまうからである。したが

無知は暴露に対する恐怖から生まれる

[38]

って、真理が可能ではないと私はたんに考えるのだ。こうして、自分が結核かどうか知りたがらない病人は、医者たちに関してこう言うだろう。「ふん、奴らになにが分かるというんだ。どいつもこいつも思い込みの激しい連中なんだ、云々」。こうして真理を知らないでいるという意志は必然的に、真理があるということの否定へと変わるのである。

以上の記述によって、なぜひとが知らないでいることを望むのかが理解できたことと思う。先に見たように、無知は結合した三つの危惧を前提としている。つまり、暴き出された即自に対する恐怖、暴き出しを行う対自に対する恐怖、暴き出された即自と暴き出しを行う対自との関係に対する恐怖である。

I. 無知は、純粋な**存在**とではなく、借り物の**存在**とのみ関わりをもとうとすることだ。だとすると、いったい**存在**そのものは恐怖をひきおこすようなどのようなものをもっているのか。実際、根源的な真理、最も明らかに現われる真理、自らにとっての対自の実存と同じくらい必当然的な明証性は、**存在**のただ中における対自の実存なのである。あるいは、**存在**は主観のいかなる表象にも、またこの表象の内容にも還元不可能なものとして、存在するからだと言ってもよかろう。したがって、この**存在**の暴露は対自にとって、最も直接的にあるものである。対自はその出現のときから**存在**を前にした自己意識だからである。ところで、この直接的な認識は、反対に最も隠蔽されたものである。**存在**の存在様態は、しばしば、**存在**それ自身よりも明白なものとして現われる。この花の赤い色は、抽象作業がなければ、その形から切り離すことはできないように見える。しかし、この赤い色がその存在（赤についての主観的感覚）から切り離されるということは容易に認められるであろう。そして、この〈赤－であること〉こそ、まさにその存在様態の存在なのである。

それでは、なぜ**存在**を無視しようとするのか。知るためには、**存在**において我々が知らないでいようとする当のものを認識している必要がある。真理検証を行っている対自に現われるがままの**存在**の記述に戻らねばならない。まず最初に**存在**は、演繹不可能なもの、不条理なもの、不透明なもの、余計なもの、偶然的なものとして現われる。真理検証を行う人間的現実は、**存在**を発見することによって、自分が非人間的なものの中に投げ出されていることを発見するというのも、世界は人間的であると同時に非人間的だからである。世界が人間的であるというのは、存在するものが人間の出現によって生まれるひとつの世界において出現するという意味である。しかしいまだかつてこのことが、世界が人間に適したものであるという意味であったためしはない。自由こそが、世界に自らを適用させようとする不断の投企なのである。世界は人間的ではあるが、擬人観的ではない。別言すれば、対自はまず**存在**に関して［＝のうえで］、自分自身の実存に関する沈黙した拒否を把捉する。対自は、自分が行わ［＝作ら］なければ何ももつことのないような存在であるから（自由への処刑）、世界はまず、人間には何も与えられていないようなものとして、人間が自分の場所を作りださなければ自分の場所などないようなものとして、現われる。**存在**が人間との関係において余計なものであるとすれば、人間もまた、**存在**との関係において余計なものである。**存在**とは、**存在**のあらゆる密度から締め出された対自なのだ。**存在**のうちに対自の場所はない。**存在**は、満たすことのない硬直した超過剰（hyperabondance）である。(44)

[39] 存在に対する恐怖

〔↓一八〇頁〕

しかしさらに、即自そのもののうちには奇妙な型《タイプ》の存在がある。それは開示を行う対自に対して引力と斥力の両価的《アンビヴァレント》な混合を行う。むろん対自（引力）は、即自－対自であることを望む。つまり、自らの実存を失うことなく、**存在**の存在に同化することを望む。しかし、対自ではない純粋な**存在**のうちには、斥力の要素がある。**存在**は恐れを催させるものである。まず、それは対自ではないので、たんなるまったくの闇として、その存在において自らを開示する。つまり、それは対自に対して、完全に闇となるであろう意識の眩暈的イメージを送り返す。つまり、この意識は対自的に無意識である意識、直接的に自己となる意識である。ようするに、即自存在は完璧かつ完全に明白であり、背後‐存在をもたないのだ。その背後には実体とか、それを説明する他の存在はない。

しかし、この明証性自体のなかで、自己への暗さや絶対的な滲透不可能性が与えられる。つまり、白昼の光の中[45]で秘密が与えられる。存在は全体的に自己として対自に自らを引き渡す。このことは、照明がその闇を晴らすのではなく、闇としてそれを照らすことを意味する。**存在**の**夜**、**存在**の凍てつく寒さが、我々に直接、接近可能なのである。対自存在のうちに即自存在を取り戻そうとしはじめた意識にとって、**存在**は取り戻しが不可能であることとして、拒否として、限界として、現れる。**存在**は消化できないのだ。このことによって意識は突然、自分が**存在**を産み出すことも消去することもできないことを意識する。真理検証も創造も**存在**を前提とするが、どちらも対自の仲介によって存在者へといたる**存在**がもつ様態に過ぎないのである。意識は、**存在**をすでにあるものとして発見し、その存在様態を**存在**のうちで、また**存在**によって変えることができる。ところが、自らの存在における**存在**は、対自の実存の最も親密で最も必然的な条件でありながら、変更不可能な条件として現われるのだ。対自がもし**存在**から逃げなければ、対自はその出現において、**存在**がなければ自分は存在しえないということを発見する。なぜかといえば、対自は**存在**についての意識であること（についての）意識でしかないからである。しかし、そこには相互性はないのだ。というのも、**存在**は〈すでに‐あるもの〉として現われるからである。

［40］

真理の修復不可能な側面

なるほど、対自は**存在**に、存在の次元を、つまり、開示された存在を与える。しかしこの次元は、**存在**の〈すでに‐存在‐した〉という基盤の上にある。それに、後述するように、だからといって安心はできないのだ。というのも対自は、対自の存在のただ中における不透明な条件であると同時に否定性であるひとつの**存在**を、自分の存在において自由に確認することを意識するからである。対自は自分の敵が存在することを助けるのだ。それだけではない。**存在**は修復不可能でもある。**存在**が自分自身から変化しない（運動）とか、その存在様態において変更されえない（変異、構築、破壊）からではない。しかし、意識がある任意の瞬間、存在ABを開示したと仮定してみよう。そしてABが変化した、あるいは虚無化したとしてみよう。開示は、過去化という変容を被った(46)。そして、我々も知っているように、過去になるということは、私があるべきだった即自へと変容してしまうことなのだ。こうなると、存在したものを存在しなかったようにはもはやできないし、さらにそれは私がそうであるべき過去なのだから、私は、自分が拒否することのできない責任、私が開示したものを永

真理は日付けをもつ

遠に存在させ続けるという責任をもつことになる。さらに、**真理**は他者への贈り物として遂行されるのだから、この開示は私固有の実存を越えて継続され、私の死の彼方にまで私の責任を拘束《アンガジエ》する。

このように、あらゆる真理のうちには修復不可能な側面がある。真理はそれぞれ日付けをもち、歴史的であると同時に、未来の無限性を抵当にいれるのだ。そして、私が見るものすべてに存在したというこの無限の実存を与えるのは私なのだ（即自はそれ自身によって自らがあるところのものであり、存在するか存在しないかのどちらかであって、存在したということはありえない）。このように、意識は喜劇であり、騙すものであり、応急処置であり、また自分がそれである存在に自らをしなければならないのだから自己順応でもあるが、このような意識は、**存在**の眩しい夜を前にして、妥協も順応も許さない容赦なき存在の型を発見する。すなわち、我々がそれであるところのものとして――永遠に、かつあらゆる変化を越えて――存在するという絶対的で手の施しようのない必然性を発見する。忘却は修復不可能なものに対する防御なのだ。それは存在の存在したことの象徴的な虚無化である。ようするに、意識は**存在**なのではなく、**存在**によって隅から隅まで貫かれているのであり、自分が創造したのではないものを存在させるということの責任をとらなければならないという、受

［41］
〔↓一八一頁〕

意識は実存するために開示する

け入れがたい必然性と闘うのである。以上、私が示したことは、自分が創造も望みもしなかったことに関して事後的に責任をつねにもつこと、それが自由だ、ということである（私は車に轢かれた。それは私にはどうしようもなかったが、私は腕を一本失った。私の自由はそこから始まる。つまり私が作ったわけではないこの障害を引き受けることからである）。自由はその条件を逃れることはできない。次に、**存在**が対自に立てる条件をさらに詳しく記述すべきであろう。

存在が対自の実存の条件である、と私は述べた。それはそのとおりなのだが、条件には二つのありかたがある。一つは原因的に条件であることである。Aが Bを生みだすとか、Aを措定すればBが必然的に出てくるという意味で、Aは Bの条件であるといえる。しかし、まったく別のありかたもある。即自は対自に対して不可欠であると言うとき、私は、即自が意識を産出する（少なくとも意識に対面してある即自に関しては）と言おうとしているのではなく、ただ意識は即自の開示によってのみ自らを意識とする、と言おうとしているのだ。ところで、自由である意識は、「〜のために」を世界へと到来させる存在である（目的性）。意識は〜のために［＝に対して］存在する。しかし、その投企のそれぞれは、**存在**の真理検証的開示の基盤の上にのみできあがる。というのも、意識が実存するのはこの開示によってのみだからである。かくして、意識は実存するために開示する。そして、その一方で、あらゆる行動は開示を含むがゆえに、意識は自分の目的を措定するために開示する。したがって、開示は意識が実存するための手段であり、それゆえ、その一方で、あらゆる手段の手段である。意識は、目的を選択するには、同時に、真理を選択しなければならないし、自らを存在させるためには、**存在**の前で自らを存在させる、つまり開示しなければならない。しかし、ひとつの手段そのものが目的である。それは最終的な目的という遠近法《パースペクティヴ》のなかではひとつの目的である。このように、**存在**の開示は根本的な目的である。だがそれは最後の目的ではなく（これについては後述する）、根源的な目的なのである。意識は実存するために開示する。おそらく、実存するために、人間的現実は飲んだり、食べたり、呼吸をしたりもしなければならない。しかし、飲むこと等々のうちに、**存在**の開示が下部構造として包含されている。このように、意識の根本的な目的は人間的現実に課されている。

しかし、たとえ人間的現実が自己を顧みたり、周囲を探したりしても、この目的を彼に課すような誰かはけっして見つからないだろう。人間的現実は自らにそれを課さねばならない。人間的現実は目的を自由に選択する状況にあり、この目的を選択しないことは不可能なのである。だからといって、この選択し

選択しないことは不可能である
[42]
〔↓一八一頁〕

真理と手段

ないこと、不可能性とは、人間的現実の存在の数学的、因果的、弁証法的な必然性に属すというよりはむしろ、その偶然性に属しているのだ。人間的現実は、〈存在‐すべき〉という形式のもとに開示する選択なのである。それゆえ、無知であろうとする意志は、ある条件に対する（無益な）反逆なのである。もちろんこの条件は課されたのでも、主題的に意欲されたのでもなく、それにもかかわらず選択なのであり、様々な責任を産み出す。ここでは、意識が自分自身に対して反逆しているのだが、それは聖人たちが神に対して反逆するのと同様である。つまり、なぜ、私は自分を恐がらせているものを発見しなければならないのだろうか、等々。しかし、この反逆自体のうちに根本的な投企としての**真理**が忍び込む。

II. しかしながら、**存在**を暴き出すことは自由の境位《エレメント》のうちで行われる。というのも、暴露は投企において、かつ投企によって行われるからである。したがって、**存在**のあらゆる認識は自由なものとしての自己意識を含んでいる。しかし、この自由であるという意識は認識ではなく、実存でしかない。それゆえ、自己（についての）意識に関する真理はなく、むしろモラルがあるのだ。というのも、意識は選択であり、実存であり、実存するために、自らの実存に

[43]

投企によって要請は現れる

おいて、かつ実存によって、規則を自分自身に与えるからである。しかし他方で、**存在**を暴き出すことは、自由を他のまったく違う形相のもとで認識に対して提示する。というのも、**存在**はつねに企図の光のもとに現われるのであり、つねにある目的の光のもとで、手段として開示されるからである。**真理**は、あらゆる手段の手段であり、真の**存在**を、手段として、あるいは結局は同じことだが、手段であることの断固とした拒否として構成する。[たとえば]散歩をするというのはひとつの仮定を検証することだ(人は、地図を見た後、地理的図式の助けを借りて風景を解読しようとする)。この小道は、まさにこの瞬間、私の歩みを通じて、進むべきものとか、進まざるべきものとして開示される。そして私の歩みこそが、地理的図式を検証することによって、この小道を東なり南へ行くものとして構成するのである。一言で言えば、東へ行くことと決めることとは同じなのだ。

それゆえ、あらゆる真理は私の自由に対する権利要求であり、私の将来を抵当に入れることである。そして、ひとつの意味の統一性によって統一され、階層化されている諸手段の全体は、投企された目的と同じものであるし、さらに目的は世界の中における自由自身による自由の具体的で自立的な決定でもあるのだから、開示された真理は、私の自由である[=を存在する]何かとしてではなく、恒常的に要請されている何かとして私に開示する。共《ミット》‐存在《ザイン》の世界（禁止と命令）の中に生きる以前に、我々は客観的な要請の世界の中に生きている。世界は私の諸目的によって明るみにだされているが、逆に私の目的が存在するように支え、私に客観的‐存在という形でそれらを送ってくるのは、世界のほうなのである。主体が、来たるべき**存在**の予示において**存在**を超出して、自分自身に客体として現われるとき、客観＝客体性がある。対自の自由は、開示された即自の要請の全体化として対自にとって認識可能である。事後、存在するものの認識は私が望むものの認識である。

要請と選択のあいだの両義性

しかし、私が目的を望むなら、私は手段を望むべきであるのだから、私は、自分が望むものを自分が望むべきものの序列のついた含意という形で、認識していることになる。そして、私が望むもの（目的）は、私が望むべきものの全体（手段の総体）と厳密に同一であるのだから、要請と自由な選択のあいだにはつねに両義性がある。もし私が八時に会社にいることを選択するなら、私の選択は職場にいることという、私にとって喜ばしい〈来たる‐べき‐存在〉として、私に現われるとともに、手段の総体としても現われる。つまり、早く寝ること、目覚まし時計、服を着て顔を洗うこと、ガスをつけることといった、私の現在の自由への未来の抵当の総体として現われる。**真理**は、世界が私［と

[44]

いう場」において掲げる要請という形で自由を私に提示する。あるいは、こう言ったほうがよければ、私は即自存在を不断の要請として認識する。実現が容易になればなるほど（たとえば、日常行為の反復）、手段が持続的で自発的にひとまとまりになるだろう。その場合、私の視線は諸手段の極としての目的に固定され、諸手段の真理は含意的なものにとどまる。つまり、手段そのものは措定されない（私が煙草に火をつけようとするとき）煙草の箱を探し、マッチをすったりしなければならないが、それらのものが所定の場所にあれば、行為は完璧によく知られ、制御されているから、現われるのは目的である。そして私の自由は、要請としてではなく、自由な投企という形のもとに私に現われる。すなわち、目的である対象、火をつけた煙草、紫煙の味わいは、なるほど実現すべきものであるが、仮言命法の形のもとにはない。むしろ、対自による即自の取り戻しの形のもとにあるのだ。私は世界のなかで自分自身を世界の対象の形で探している。私自身との一致とは、味わわれるはずの煙草の味という形で私へと到来する）。

しかし、手段が目的から離れて開示され、目的を創出するのが困難になり、真理が事物の敵対係数(47)や、手段となることの拒否をより多く開示するようになればなるほど、目的は諸手段の弁証法的統一という姿で現われ、したがってよ

仮言命法と定言命法

りいっそう要請に、つまり仮言命法になる。しかし、仮言命法が定言命法と異なるのは、その陳述形式においてのみである。実際、「汝がxを望むなら、yを望まねばならない」と述べられるとすれば普遍化の方向で主題化がなされているからであり、また未だ選択されていない純粋な可能性としてそれが陳述されているからである。生きた現実の中では、xは常に「すでに選択されている」し、現在や未来の大いなる形相として、私がそこにおいて諸手段を捉える環境として、生きられている。したがって、この瞬間、手段は定言命法として現われる。私がすでにxを望んでいるから、対象は定言的な形で我々に言うのだ。「汝の選択の展望全般からして、汝は私を望むべきである」と。こうして、状況が有利な場合は、諸手段の統一が生成中の無差別的な地であり、その地の上に形相としての目的が実現する。不利な場合は、目的が地であり、明るみにだす純粋な環境であり、そこから手段が特異な形相として、すなわち、**存在**の特別な要請としてはっきりと分かれている。

　だからこそ通常の言葉においては、〈べきである〉が、〈私は欲する〉の想定されるところで、恒常的に用いられる。よくある会話のパターンを例にとってみよう。興奮した病人は、苛立ちながら言う。「Pを迎えるために私は明日は起きているべきだ」。それに対する友人の答は、「だめだめ、Pだって分ってく

[45]

れるさ。君がそんなことをする必要はないよ」等々。要するに、仮言命法を無用な手段として示すことによって、仮言命法を緩和する試みである。私の欲望が私を世界の中へと投げ入れ、世界は様々な要請の形相のもとにそれを私に投げ返すのだが、私にはもはやそれが自分の欲望であることが分からない。この意味では、**存在**を知らずにいようとする投企、存在を隠蔽しようとする投企、存在により少ない存在しか与えないようとする投企は、私の欲望に欲望の恒常的な性格を与えようとする投企なのだ。つまりこれは、けっして実存したことのない内在の主観性を私の欲望に残す投企ではなく、来るべき欲望をかきたてるものとの純粋な直接的接触として私の欲望を堅持しようとする投企である。私の欲望は欲望されるもののうちに自らを認め、結局は充足のうちに、欲望する対自と欲望される即自との暴露的な統一を投企する。渇きは飲物のうちに吸収されるのだが、その飲物がその意味をもつのは渇きによってである。渇きは、消滅することを選ぶのではなく、水やワインなどの性質を摂取する開示であることを選ぶ。しかし、我々が世界を開示するやいなや、一連の命法として諸手段の組織は、欲望と欲望されるものの純粋な顕現的な合致にとって代られる。投企の根源的な格率は、欲望の照明のもとで即自を破壊し、組織的に同化することによって、即自を対自へと変換しようとすること——欲望するものに欲望されるものを飲ませることによって、対自に即自との結合を与えること——であるが、その格率が実現されかかるやいなや、格率は変容してしまい、我々は手段‐命法の世界へ投げ入れられてしまう。

欲望のまやかし

じつは、ここで問題となっているのは、自由の絶対的な構造なのである。というのも、目的は来たる‐べきもの［＝将来］であり、それゆえ必然的に世界の彼方にあり、世界の彼方に実現されるべきものだからである。しかし、まさに、私が欲望の世界の絶対的な措定《ポジシヨン》＝立場において否定しているのは、この要請なのである。欲望の世界、ないしは、反映の世界。つまり私は事物のうちに私自身を見、事物に溶け込み、事物を私のうちに溶け込ませることを望む。事実、この世界が実現されるのは、直接的なもののうちでしかない。というのも、目的が手段によって実現されるやいなや、目的は他のものとなってしまうからである。したがって、欲望の永久のまやかしがある（他のまやかしがある。つまり、欲望が充足されていくにつれ、充足された欲望は抹消された欲望へと変わってしまい、目的が完全に実現されたまさにその瞬間には、私はすでに私の欲望の彼方にいる）。あたかも人間の機能は手段を蓄積することであり、目的はこれらの手段を蓄積させるための手段であるかのようにすべてが起こる。

このようなまやかしに対して、若者は異議を申し立てる。アンチゴネーは言う、「私はすぐさますべてが欲しい」と。それが意味するのは、「私は**存在**を排除する。それは私の欲望の根本的な異化である」ということである。**存在**を拒否すること（無視する＝無知であること）、それは、為す自由を犠牲にして、享受する自由であろうと望むことである。その奥底にある観念は、「手段は目的を汚す」というものだ。（「ああ、私の欲望を実現するためにこれらすべてをしなければならないのだとしたら、諦めたほうがましだ」）。このような無知は抑圧の世界においてしか完全には実現されえない。実際、このような世界では、ただ抑圧者のみが自分の目的に対して直接的コミュニケーションの状態にある。つまり手段の帝国は被抑圧者に残される。（抑圧者の）子どもや娘の世界でも同様である。しかし、自由とは、人間にはけっして何も与えられていないという不可能性であるのだから、そして、自由とは労働することとの必要性なのだから、手段の世界の拒否は、自由の拒否である。したがって、無知を望むことは、自由であることを拒否することである。

［46］ 無知は責任の拒否である

さらにそれは、先ほど指摘したように（第1節）、自らの責任に直面することを拒否することである。実際、**存在**は、原則的に我々がそれを望まずして責任を引き受けるべきであるものとして現われるのだが、対自は、それを引き受

無知にとっての理想的世界

ける義務を負わないために**存在**を隠蔽しようと投企することができる。ブルジョワである私がプロレタリアの状態《コンディション》に関して無知でいることを望むのは、自分がそれに対して責任があることを知らないでいるためである。労働者である私はこのような状態に無知でいることを望むことができるが、それは私がその状態に関連しているからであり、その暴露が私に態度決定を強いるからである。私は自分自身とすべての人に対して、あらゆることに関して責任があるが、無知は世界における私の責任を制限することを目指している。こうして、私の無知の地理学は、否定的なものにおける私の存在選択の有限性を正確に表わしている。無知イコール責任の拒否なのだ。逆から言えば、責任が少なければ少ないほど、知る必要も少ない。つまり、もし社会のなかで責任を免れた状況に置かれたとすれば（「囲われた女性」）、**真理**についてまったく気を遣わない。他人から金を受け取るように、真理を他人から受け取るのだ。女性の無知は、たんなる偶然的な教育の欠如などではない。それは女性に外からやってきて、世界に対するあらゆる影響力の剥奪として、女性を内部から異化してしまうのだ。反対に、自分の欲望と欲望をかきたてるものとの間の直接的接触の幻影が、少なくとも（最も恵まれたケースにおいては）女性に与えられる。そうだとすれば、このレベルで、無知への意志によって投企された理想的な世界とはどのよ

[47]

うなものだろうか。
(1) 知らないものは存在しない。
(2) 知っているものは、知っているかぎりにおいて存在する。
(3) ひとは自分の好むままに、知ることなり知らないことなりを選択する。

したがって、無知とは世界の願望であるか、それとも暴露イコール創造であるかのどちらかである。無知は**真理**の定式を逆転させ、存在するものを創造せよ、と言うのだ。無知は、自分が創造するもの以外のものは存在しないことを要請する。したがって、また次のことも要請する。

(1) 欲望は創造の普遍的な原動力であり、それは欲望をかきたてるものの創造である。

(2) 欲望をかきたてるものは即自の境位《エレメント》のうちに存在する。換言すれば、それは対自の外部にあって**存在**のうちで起こる。それは自律の契機をもっている。

(3) しかし、欲望されるものは欲望の充足によって取り戻され、精神の出来事になる。それは対自のなかに戻る。「アール・エ・メティエ・グラフィック」誌の創刊号でヴァレリーは「読みやすいということは、あるテクストが精神によって消化しつくされ破壊されて、精神的事件に変質せしめられることを見こして、それを容易ならしめるような長所が、そのテクストに具わっていることである」と書いている[48]。この読みやすいを消化しやすいに、テクストを世界に置きかえれば、無知の金言《モットー》となるだろう。こうして、責任の契機は**存在**の独立の段階に制限されてしまい、やがて**存在**が精神に同化されることによって抹消されてしまう。

　別の言い方をすれば、無知はヘーゲル的な絶対主観の郷愁《ノスタルジー》なのだ。絶対主観とは世界を膣道から産出し、再び膣道から取り込む唯一の純粋な意識である。無知とは、責任をもつことの拒否である。唯一の例外は自己自身に対する責任だ。そして、この拒否は必然的に絶対主観の実定的な世界の粗描に伴われている。つまり夢の世界である。分裂病者が夢のほうを好むのは、夢の中では百万長者や皇帝として自分が現われるからだとされるが、これは本当ではない。彼が夢の世界のほうを好むのは、そこでは**存在**は暴き出されるまさにそのかぎりにおいてでしか存在しないからである。つまり、彼は**存在**の乏しさを好むのであり、それは**存在**が、すぐに主観に吸収されるようなより少ない存在しかもたないからであり、欲望される存在と欲望する存在との間にいかなる仲介者もないからなのである[49]。むろん、ひとは自らに欲望の充足を禁止するのだが、それは故意にそうするのだ。というのも、充足は欲望とまやかしの抹消だからであ

［48］
〔↓一八三頁〕

無垢は無知の一形態である

る。夢の世界とは欲望の世界であり、その欲望とは欲望であり続けることを望み、欲望がそれであるところのもののちょうど対応物である存在によって自らを予告させることを望むのである。

無垢〔＝罪のなさ〕[50]は、人間社会にとってとりわけ貴重な無知の一形態である。このことは容易に理解できる。なぜなら、

(1) 無垢イコール責任の不在。無垢とは、ある犯罪や過失に責任がない者のことである。我々は人為的にある種の人びとを世界に対して無‐責任の状態に放置したままにしておく（女性、少女、子ども）。こうして、これらの者は、人間[51]がそうでありたいと望むものの生きた似姿《イメージ》になる。彼らは世界とのいかなる関係ももたない可能性を表わしている。

(2) こうして、無垢イコール無知となる。「醜い」世界の「現実」を知らないこと。人間〔＝大人〕は知っている義務がある。だが、彼は世界の真っ只中に、自分が郷愁を抱くこの無知の象徴《シンボル》を据えつける。そして、これらの無知な者たちによって、彼自身は知られていないことを知るのだ。彼は、自分が性《セックス》をもっていることなどを知っているが、自分の現実において他の者にとってはそれが知られないように自らを実存させる。どこかで、自分の醜さ（彼自身はそれを知らないでいることはできない）が知られていないものとして実存するた

めに、罪のない無知なものを彼は創造する。彼は、自分が知っていることに関して、自分の代りに知らないでいることを誰かに託す。無垢な者たちの無知や無垢が汚されるとスキャンダルが起こるのはそのためである。このようにして、私の性《セックス》や悪徳は、世界にもう一度実存してしまうのだ。

(3) そして当然、無垢な世界は夢の世界になるだろう(子どものためのおとぎ話、「若い娘の夢見そうなこと」)。

そして、知に関する無垢を正しいと見なすことによって、人はこのような虚構を作り上げる。無垢な者の無知のうちに真の知はあるというわけだ。弁証法的逆転によって、知の最良のあり方は、無知であることになる。ここで、問題は、道徳的かつ存在論的概念である。無知の道徳を措定するがゆえに、世界は無垢の世界(絶対主観、唯一の意識、存在の取り戻し可能性、無責任性)でなければならないと措定する。そして、無垢は、この世界に関する直観的把捉であるから、ひとは、このような世界が真に存在すると措定する。実在世界のより少ない価値がより少ない存在となる。実践活動、闘争、恐怖、利害などが、我々が世界をあるがままに見ることを妨げる。責任のない者がそれを見る。それがドストエフスキーの『白痴』だ。特にこの主人公の場合、秘密の調和によって、私たちには隠蔽されている失われた無垢に(つまり、無知であろうとす

［49］

る我々の隠れた欲望に）適応している。たとえば彼は、**悪**を知らないので、悪人のうちに**善**しか見ないが、それは純粋な智恵なのである。というのも、**悪**はたんなる見かけ、不幸、事故にすぎないのであって、極悪の犯罪者でも、その根底にはまだ善さの可能性があるからである。

同時に、無垢は自分自身のことを知らない。たとえば、少女は自分が性《セックス》をもっていることを知らない。そして、彼女の無知を尊重して、私もまた、それを知らないでいる方策をとる。しかし、そのさい、真の人間同士の関係である非‐性的な関係にいたるために、我々二人のどちらからも性を抹消してしまう。我々はこのことによって、本当の人間の関係は、天使であることなのだ、と捉える(52)。このように、弁証法的逆転は、無知を認識の手段とすることにある。知は無知であり（人生の醜悪さの発見は美の純粋な映像《ビジョン》を曇らせる）、知らないでいることが知ることなのである。だから、人間［＝大人］はある種の献身者や、自ら望んでそうなったのではない無垢の乙女［ウェスタに仕える巫女(53)］を選び、科学と技術の社会のなかにありながら、知のあらゆる形式に優越した絶対的な無知の象徴であるという役割を彼らに課すのである。そのことによって、人間［＝大人］はなにかを無視しようと決断するときはいつも、**存在**の受肉化した価値であると同時に直観でもあるような、ひとつの根源的な無知を参照することができる。もし、ブルジョワが労働者の条件やステーキの来歴に無知であることを選択するなら、彼はそのことによって自らを若い処女と同一化させるのだ。歴史的にも、「創世記」のなかで、知は堕罪として示されていた。知恵の樹は罠だったのである。

神が存在するなら無知は正当化される

III・以上のことから無知の新たな正当化のあり方がでてくる。確かに、世界は知られているべきであり、世界の根本的な構造が**真理**だ。**真理**なしでは世界は存在しえない。しかし、**真理**が存在しなければならないからといって、それが私にとって存在しなければならないということにはならない。アダムとイヴにとっては、知ることなど重要ではない。というのも、神が彼らのために知っているからである。だが、そうなると、神的意識が創造的でかつ真理検証的であるがゆえに、存在と真理は一つのものになってしまう。したがって、真理は人間-以前のものとなる。人間によって真理が存在に到来するのではなく、**存在**の真なる-存在は我々以前にすでに完全に構成されているということになる。だが、そうなるともはや、我々は**真理**を前にして受動的であること、つまり、観想することでしかなくなる。こうして、真理と自由の関係は断たれてしまう。そして、我々は**真理**を受け取るべきだということになる。しかし、そうなると、真理は検証から分離されてしまう。真なるものとは、真を実存させる資格をもつ実存者によって、我々に伝えられたものということになる。したがって、我々にとっては、この実存者を認知することだけが問題となる。そしてこの実存者の特徴が、**価値**である。彼の**力**や、**強さ**や、**善さ**などが、**真**である彼の力の保証なのである。そのようなものは、神であろう。しかし、それはヒトラーやスターリンでもありえよう。だが、そうなると、我々にはもはや真なるものに対する責任はなくなる。我々の必要に応じて我々に真なるものが与えられることになる。したがって、与えられていないものは知らなくてよいことになる。この場合には、我々に固有な本性は、無知であり（というのも、真を作るのは創造することであり、それは我々のすることではないのだから）、各々の真理は我々にはどうにもならない神的恩寵になる。

［50］真理はまず私の真理である

実際、真理を実存させることが、**存在**に新たな存在次元を与えることだということを、人間的現実は完璧に意識している。不快な真理を発見する者は、自分に責任があると考えるし、真理の不快な面について責任を負わされる。スキャンダルを呼び起こした者に禍あれ、というわけだ。**存在**へのある種の侵入は罰せられるという広く流布した神話があり、それは多くの小説家によって翻案されている。そのような侵入者は、気が狂ったり、犯罪者になったりする（犯罪的な科学者の神話や、事物の根底をかいま見てしまったために雷にうたれたり狂気に襲われたりする男の神話、知識が悲しみをもたらすという神話）。原子物理学に関する現在の考察がある。「今日の科学者たちは科学が罪になりうるということを発見した」。それはあたかも原子力の発見が、科学者たちに、人類の絶滅の可能性の責任を負わせてしまったかのようだ。実際、あらゆる接触《コンタクト》は雑居状態なのだ。暴き出された存在は、暴き出す存在に色濃く影響を及ぼす。私が**存在**を見たとしたら、私は**存在**の触発によって魔術的に滲透される。存在するものを創造することで、私は自分が創造する当のものとなる。この点には完璧に正しい何かがある。つまり、私は自分の投企を通して**存在**を発見するのである。そして真理は、贈与され、人類全体の来歴を通じて真理検証されて普遍的な真理となる以前に、私の真理なのである。真理は、私が選んだ存在の仕方や私の観点にしたがって、私に現われる。それはだれか別の人に現われることはできなかった。それが絶対的な真理であるのは、この絶対主観にとってなのである。

各人各様の真理

この意味で、「各人各様の真理」という言い方は正しい。各人は、自分が暴き出す生きた真理によって自らを規定するからである（つまり、自分の企図によってと言いかえてもよいが、それは真理と企図が互いに包含関係にあるからである）。すでに述べたように、世界の醜さだけしか見ない人が、それしか見ないのは偶然ではない。そして、もし彼がそれしか見ないとすれば、当然それは彼に影響を及ぼさずにはおれない。しかし、それだけのことだ。実際、たとえ真理検証があっても、それでも、私ひとりだけに見えたものを他のみんなに見せることができるからである。私が、世界と人びと全員とに**真理**をもたらす者であることにちがいはない。私は不幸の預言者でありうるし、カサンドラでありうる。そして、私は自分自身をカサンドラだと感じるのだ。というのも、もし私がいなければ、もし私がそれを指し示さなければ、この存在は他の人びとにとっては実存しなかっただろうからである。私は、ある存在が人間世界に出現するために、その存在によって選ばれた媒介なのである。

無知と実現

[51]

以上のことから、この型《タイプ》の無知は二つの目的を目指す、と言えよう。すなわち、(1)　自分が言ったこと〈開示〉に関する責任を免れること。(2)　**存在**の〈映像《ビジョン》〉を回避することである。存在の映像《ビジョン》は最も魔術的に人を巻き込む形式である。知りたいのはやまやまだが、見たくはない、というわけだ。というのも、知は空虚な志向の型《タイプ》に属し、将来や過去の存在といった、いずれにしろ借り物の存在を思念するからである[54]。これに対して視覚《ヴィジョン》＝映像は**存在**によって知を充実させることではない。ピエールが死んでいることを知りたいのはやまやまだが、私は彼が死んでいるのを見たくはない。つまり、私の実存によって暴き出された存在として彼の死を実存させたくはないのだ。私はできあがった真理を受け取り、それを私の行為のための手段として使いたいが、そのために真理を開いたり、実現＝実感し[55]たくはないのだ。プルーストと心の間歇[56]［の例をとってみよう］。祖母の死に関する彼の知は閉じられた真理、つまり他人にとっての真理であり、彼を巻き込み危うくするものではない。だが、ある日、彼はこの真理を実感＝実現する。つまり、祖母の決定的な不在、祖母が世界にもはや－存在－しないことは、諸物のあいだで暴き出された不在となる。我々の行為にとって有益で、常に我々に用いられているどれほど多くの真理が、このように閉じられた真理、封印された書簡であることだろう。それこそがひとが愚かにも「想像力の欠如」と呼ぶものである。被告に十年の刑を宣告する裁判官は十年の苦しみを想像しない、と言われるが、想像しないわけではなく、その真理検証（監獄の視察、等々）を行うのを拒むだけなのだ。このように、「観念主義的」真理の型《タイプ》が造り上げられる。言いかえれば、それは**存在**との接触《コンタクト》を欠いたままで**存在**に関して陳述《エノンセ》される真理である。こうして、ある型《タイプ》の思考が造り上げられる。それは真理を推論と言説の産物とし、直観のもつ根本的な開示の価値を拒否するような思考である。

[52]
〔↓一八三頁〕

こうして抽象的に存在することを選択する型《タイプ》の人間が現れる。つまり、真なるものを暴き出すことなく、厳密に道具性という相でものを知ることを選択する型《タイプ》の人間である。見ることなく知ること、それが抽象である。それは共存在によってのみ可能である。抽象的人間は他の人たちによる開示を利用し、自分の予測の真理 - 検証を他人に委ねる。抽象的人間は他人の考えに基づいて考える。つまり自分が実行したわけではない暴露に基づいて考える。このような人は複雑な公式の次元《レベル》に身を置きながら、そのためにすべき演算操作の方はけっして実行しない数学者のようだ。抽象的な人が推論するのは、見えないからではなく、見ないようにするためなのだ。彼自身、（相関関係によって）抽象的だ。たとえば、彼は、食べることが開示する価値に関して注意せず、抽象的に食べる。彼は読んだり話しながら食べるが、それは不感症の女が何か他のことを考えながらセックスするのと同じだ。抽象的な人間とは、自分の今している行為が——それがなんであれ——開示する価値から逃れるために、常に何かを考えている人である。抽象的な人間は不在だ。抽象的な人間にとって、**真理**は**存在**でもなければ、**存在**の暴露でもなく、**存在**に関する認識であり、そこでは**存在**は不在なのである。したがって、全体的な**真理**は認識の総体であり、**存在**は真理の外で生じる。**存在**はたんに認識がそれと関係する曖昧な根拠なのである。結局のところ、抽象的な人間にとって、認識が**存在**にとって代わる。即自存在を恐れるがゆえに彼は観念主義者になる。**存在**を享受する代わりに、彼はただ**存在**を思念する。こうして彼は、すべてに無知でいながらすべてを認識することができる。

このように、無知は**存在**に対する恐怖であるか、自由に対する恐怖であるか、**存在**との開示的な接触《コンタクト》に対する恐怖であるか、あるいは、同時にこの三つすべてに対する恐怖かなのである。

真理は無知によって縁どられている

必然的無知について

とはいえ、無知のままでいようというこの投企が発展し続けることができるためには二つの条件が必要である。まず、無知が真理の出発点であること（これに関してはすでに見た）、そして、あらゆる真理が常に無知によって縁どられていることである。第二の条件を検討してみよう。別の表現をすれば、無知はあらゆる真理に住まわざるをえないが、それはただ、**真理**がそこから自分の起源を引き出し、かつ、**真理**において自らの時間化として超出されたあり方で再び見いだされるような、肥沃土としてのみではない（生成した真理とは、あらゆる真理は真理となった無知である、ということであり、真理ないしは真理検証の必然的時間化とは、真理の根拠としての自由自身が、無知から脱出することを要求するということだ）。それだけでなくさらには、真理の有限性、真理の陰の部分としても、無知は真理に住まわざるをえないのである。周知のように、あらゆる規定が否定であるとすれば(57)、人間は自らの有限性を内面化する存在である。真理は、人間的な手続きであって、無知を内面化するのだが、それは無知が真理の有限性だからである。これを知ることは、これしか知らないことである。つまりこれ以外のことを（当面のところ）排除してこれのみを見ることを選択することであり、地として、つまり無差別な存在充実（無知）として思念された世界の残りの部分の上に、これを現出させることである。それは、**存在**の世界の内にあるどんなこれも、無差別的な地の上に現われるものとして、実存していると主張することですらある。しかし、真理の有限性としての無知には以上のことの他にも様々な側面がある。今からその記述に移ろう。

［53］自由が知の根拠であり、限界である

I．知の根拠は自由である(58)。知の限界、それもまた自由である。自由が有限性を作るのではない。話は逆であって、有限性によって自由があるのだ。自ら

の存在の根拠ではなく、世界において危険に晒されてある偶然的な観点としてのみ、私は自由として存在する。そして、真理があるのも、またこの観点との関係である。この観点によって、世界は実存し、一連の出来事のうちで暴き出されるのだ。しかし、有限性は選択によって内面化される。換言すれば、選択するとは、私の有限性が具体的に私に対して実存するように働きかけることである。自由は有限性の内面化である。人間は自分自身にとって、自己自身の規定、つまり自己自身の限定、つまり自己自身の否定である。選択は、私がそれ以外のすべてを排除して自分自身であるところのものを選択することである。この意味で、根源的な選択は、すでに、それ以前にすでにあったものを引き受けることである。この選択によって、私の偶然性は、偶然性の必然性として実存するようになる。この選択が、これまで存在でしかなかった（つまり「ある il y a」という形相にはなかった）ものの方へと立ち帰り、それに一つの意味と時間化する方向とを与えるのである。

　このように、一つの真理を開示する選択は、つねに非知の内面化である。あらゆる真理のうちに、私自身の自由との内的な関係がある。実際、私の自由が有限性を内面化し、同時に、有限なる現在との関係において自由の未来を措定するかぎり（そして時間化の脱自的な粗描によって有限性のうちに無限性を粗

[54]

描しさえするのだが)、自由は、無‐限定な将来を措定するのであり、その将来において自由は、即自の自由な暴露として把握された現在との関係で、意識的でありかつ決定を下す自由となるであろう。このように、この現在自体において、そのただなかで、二重の構造がある。現在とは、私の最も直接的で最も具体的な可能性である将来から自らを時間化するかぎりで、ひとつの絶対者である。それと同時に、現在のただ中には運命がある。それは、予見不可能なものである私の自由というひとつの自由が必然的に物となってしまうという意味である。私の未来の自由は、私がいまそれを生き、後には過去となるであろう現在へと立ち帰る。

どんな投企も、脱‐自的であり、時間性の具体的な三つの脱自の生きた綜合として、有限性の内面化である。それと同時に、投企は、未来の自由の自由‐存在がこの有限性を再び外化するということの意識である。絶対的で唯一の暴露を行う投企において、「Aを生きる」ことは、すでに「Aを生きた」という未来なのであり、それは「Aしか生きなかった」こととして捉えられる。そして、あらゆる自由は暴き出しであるから、私の現在の真理が再‐外化された有限性になるのは、このいまだ規定されてないもう一つの真理‐検証の観点からである。このことが客観的に意味することは、暴き出された真理は絶対者であると同時に未規定者であるということだ。真理の基準は何だろうか。それに関しては、疑問の余地がない。それは現前としての**存在**である。我々が我々自身の実存と同じくらい**存在**の現前に確信をもっていることを私はすでに説明した。こうして、暴き出しが行われるとき、我々は**存在**を捉える、それは〈我れ思う〉が疑いえないのと同じように疑いえない（構造は連関している）。

したがって、私は真理を把持しているのであり、その真理は絶対であり、真理検証の過程《プロセス》の疑いえない到達点なのである。真理の唯一の基準としての明証性は、観念に即して真理のある種の表徴を把捉することなどではない。明証性とは、対自に現われるかぎりでの**存在**それ自体なのだ。しかし、この明証性が私に**存在**を引き渡し、そして私がそのことによって、いかなる将来からも絶対的に身を守ると同時に（verum index sui［真理ハ自ラヲ示ス］[59]）――あるいはむしろ、真理として自らを示すのは真理ではなく、**存在**との合致のなんらかの表徴によって自らを示す観念でもなく、**存在**こそが、真理のうちの自らの現前を明証性において示す。いずれにしろ、あらゆる将来にとって、いかなる他者にとっても、この瞬間に、この真理検証の過程のうちで私に暴き出されたものは存在していた――「後になって私が自分に関して何を望み、どのように考えようとも、私があるものを私の現在の投企において望み、望んだであろうことは絶対に真理である」ということと相関しているのだ）、それゆえ同時に、私はあらゆる将来に対して、私の有限性を決意的に内面化することによって、また、それしか見ないことに関する私の権利の要求によって、自分を守っているのだ。また同時に、私の純粋な自由が、この未来の彼方にある未来の無規定な可能性として、私の投企の外部を構成し（私の投企は私の記憶のうちでは外的に限定された即自となるであろう）、そしてこのことによって私の真理に関しての不確定の外部を構成する。

他者としての未来の自分

[55]

実際、この未来の自由は、私が自分自身、将来それであるところのこの他者である。それは非常に特殊な一人の他者であり、言うなれば、「他性が「一般に」もつ相互性を欠いた他者」である。この他者は、私にとってはまったくの他者であるが、彼にとってみれば私は同一者なのである。その意味は、私の現在の体験という絶対的なものに彼が入りこむことができるということではない。むしろ、私の現在の体験が彼にとっては親しいものであるということであり、彼が自己のうしろに存在すべきものをもつであろうということである。つまり、彼が何をなそうが、彼はそれを引き受けるべきであり、私が彼に現在から命じる一つの有限性を再内面化すべきであるということである。私は、この別の自分が来年行うだろうことに責任はない（今から私がそれをすでに予見でき、それを準備し、同意している場合は別である）が、彼は私に関して責任があり、私の彼に対する関係は、未成年の子どもとその父親の関係のようなものである。つまり、私は彼を拘束《アンガジェ》するが、彼は私を拘束しない、彼は私のために支払うが、私は彼のために支払はしないのである。

このことによってアンガジュマン、誓約などに関する倫理的な問題が提起されるだろうが、今は真理だけを問題にしよう[60]。私自身にとって他者である「未来の」私は、現時点の私が発見した真理を引き受けざるをえないが、ここで問題となっている真理とは、すでに検証されてはいるが、つねに新たに検証可能なものである。（真理がもはや検証可能でなかったとしても、私の将来の自我はそれについて疑うことだってできる。私はある日、ある人が通るのを見た。「真理ハ自ラヲ示ス」という意味でそのことが真であったことは確かだと認めよう。それは明証的であった。しかし、もう一度、それを経験することは不可能である。記憶が十分に判明であり、新たな自我《エゴ》の反省に十全なありかたで与えられるとすれば、その記憶はそれ自身〈自ラを示ス〉であろう。つまり、自明であったことの記憶に関する直観はそれ自身自明なものであろう。しかし、記憶は程度の差こそあれ空虚な思念の対象であるから――抵抗や、組織的な忘却などのために――空虚に思念されたものは、真理検証が可能でない場合、も

[56]

はやいかなる確信ももたらさないだろう。別の言い方をすれば、生きられた暴露は、記憶となることによって、即自的な暴露となってしまう。それゆえ、それ自体も暴露の対象となりうる。この暴露は想起する意識への、私であった即自の現前である。そして、それは即自として自己ヲ示スのである。しかし、ただ思念されているだけならば、この暴露は、私とは別の超越的な即自の場合と同じ蓋然性しかもたない)。

しかし、我々が引き受けるべきものとして意識に課せられる検証可能な真理を仮定するとしても、それがいかなる展望《パースペクティヴ》において引き受けられるべきなのかは我々には分からない。実際、未来の自由は、この真理を新たな投企の内部で捉え、この投企のうちに組み込むことであろう。つまり、未来の自由はこの真理に新たな意味を与えるのである。現在が決定するのは、過去の存在ではなく、むしろその意味であるということを私は示した[61]。かつての私であるあの少年が、十四歳のときに宗教的な危機を体験したことは、取り消しようのない真理だ[62]。しかし、私の有限性の具体的総体において、この危機がどのような重要性をもつかは、少しずつ決定されてゆくべきものである。同様に、この真理は疑うことができないが、その意味の方は開かれている。特に、その後に発見された様々な真理に対して、この真理は外的関係にあるのか、それとも内的関係にあるのかどうかは未決定なものに留まる。つまり、それが私の他の未来の認識に付け加えられるかどうか、内的な第二の構造として知の綜合的全体性のうちに入るかどうかは、未決定なものに留まるのだ。

たとえば、ユークリッド幾何学、デカルトの解析学、ニュートン物理学は真である。しかし、後に発見された他の真理との関係は異なる。たとえば、ユークリッド幾何学の非ユークリッド幾何学との関係は外的な関係である。それらは、相互に排除しあうそれぞれの公理から構成された多様な可能性である。おそらく、ある全体性について語ることができるだろう。その全体性とはすべての可能な公理を体系的に汲みつくすことによって得られる幾何学総体となるようなものである。しかし、この全体性は疑似全体性である。なぜなら、それが意味するのはただ、他の公理はない、したがって他の幾何学はないということだけだからである。それは諸々の幾何学の内的統一性があることを意味するわけではない。これに対して、ニュートン物理学は現代物理学のうちに組み込まれたわけだが、現代物理学によって否定されたわけではなく、内的な限定を受けただけである。つまり、ニュートン物理学は見かけ［＝現象］の物理学、あたかもの物理学、特別な場合の物理学になった。そして、それはひとつの存在を保ったのだが、それはまさに見かけの存在があるからである。しかし、真理が孤立しており、それ自身に限定されていた状態は終わり、ヘーゲル的否定性が障壁を炸裂させるしかたで、真理の孤立は破壊される。つまり、それは止揚されるのだ。

［57］ 真理の意味は変化する

さらには、検証されておらず、しかもおそらく検証不可能な予測的仮定のうちに現われる真理もある。この場合、真理はこの仮定に自らの存在を（借り物として）伝えるのであり、仮定の方は真理により広い意味作用の余地を与える。ある信仰と神話との体系のうちに現われた真理は、これらの信仰や神話を確証することができる（言いかえれば、我々は真理検証を止めることを決める）。たとえば、ライプニッツにとって微積分学の発見は、自分の形而上学観が真理であることの証拠として現われた。だが逆から言えばこのことは、ライプニッツ主義者によって、形而上学的意味が通用する場がこの微積分学に対して与えられたということを意味する。しかし、まさにこれらの意味が真理検証されていないからこそ、別の自分[63]はつねにそれらの意味を放棄し、真理を他の哲学的・神秘主義的体系へと組み込むこともできる。こうして、アルキメデスの原理は、彼の発見の時と我々の時代とでは別の展望《パースペクティヴ》において機能する。ある真理が、物体がその自然な場所をもっていると信じられている時代に発見されたことと、それがガリレオ・デカルト的力学の時代にも保存されていることでは、

真理は閉じられているのと同時に開かれている

真理のもつ意味は同じではない。たとえば、水中の物体が被る浮力は別様に理解され、捉えられる。浮力はアルキメデスの時代にはまだ何か生きたもののようであったが、デカルトの時代には、慣性の顕われである。しかし、直観はその根底に残っている。それどころか、さらに言えば、この直観はアルキメデスにとってさえも潜在的な状態では意味作用の否定的拒否を含むのである。そしてこの意味作用は直観によって確証されたものであり、直観にその意味の地平を与えるものである。

こうして、各々の真理は閉じられていると同時に、開かれている。真理は即自それ自身の現前として、視線を閉じる意味作用の円環的な地平とともに現われる。そして同時に真理は、その意味作用が検証されておらず、ただ推定されているだけだというかぎりにおいて、また、それゆえ、「未来の自分である」他の自分や、後の時代の他者たちがこの真理をどのように使うかは不確定なものにとどまるという意味で、開かれている。客観的には、このことは、真理に関する必然的で弁証法的な二律背反があることを意味する。つまり、真理は全体的なものとしてしかありえない（定立）――部分的な諸真理がありうるのでなければならない（反定立）。この二律背反は次のように解決される。すなわち、半‐弁証法的である世界は繊維質的な構造をもち、脱‐全体的な全体性に対し

[58]

て、また進行中の諸主体性に対して開示されるのだが、そうした世界においては、どんな現われも、ある意味で全体的なのである。というのも現れは、ひとつの絶対的な体験において内化されるなんらかの有限性に、**存在**全体を引き渡すからである。

見方を変えてみれば、現われは世界という地の上で、つまり、世界として統一された**存在**全体の統一性という地の上で、自らを開示するのだ。そして、それが現われの開けなのである。なぜなら、現れはその秩序に関しても、その場所に関しても決定されていないからである。そして、この秩序や場所がその内的決定の一部であると言うのは間違いであろうし(自らの場所にない真理は誤謬であると言ったりする意味で)、同様に、この秩序や場所が現れとはまったく関係しないと言うのも間違いであろう。それは場合によるのだ。それを決定するのは将来である。たとえば、ユークリッド幾何学にとって、幾何学全体ではないということは外的な偶発事に過ぎない。ニュートン物理学にとって、物理学全体ではないということは内的な偶発事である。こうして真理はつねに無知という地平において開示されるのであり、この無知の地平は、明証的な開示の中核を真理から取り去ることなく、真理が発展し生きる可能性を構成しているのである。真理検証を行う人間的現実がこのような無知を認めることは、寛大さgénérositéであり、解放である。なぜ解放かといえば、それによって副次的な誤謬の可能性（余白的な意味作用に関係する）から解放されるからである。なぜ寛大さかといえば、未来の私である別の自分や他者たちの好きにさせるために、真理は与えられるからである。

他者が私の真理を限界づける

このことをまた別なしかたで表現して、未来の別の自分ではなく、現在の他者たちを参照項とすることもできよう。実際、真理は三つの可能な相のもとに現われる。真理は私の真理であり、他者にとって生成した真理であり、普遍的な真理である。真理が私の真理であるという意味は、暴き出しが私によって、私の風土の内で、価値や目的や意味作用のある一定の地平との関係で行われるということである。私が真理を他人に与えるとき、彼がそれを見ているという直観を私はもちうる。他人は私にとって私自身や即自と同じくらい確実だから（私は、即自の前に、そして他の対自たちの間に実存する対自として自分自身を発見する）、私は眺める視線として彼をすぐに捉える。私が彼に対象を指し示すと、彼はそれを眺める。彼は私の指の先にそれを眺める。しかしその時から、対象は、私からアプリオリに逃れてしまう存在次元を展開する。

　私がある赤い花を指で示すとする（たとえば、珍しい品種で、通常はこの種類の花は黄色だとしよう）。こうして私は、この種類の花に赤い花があること

[59]

を他者に発見させる。しかし、それによって突然、赤は部分的には私から逃れてしまう。というのも、私は他人がそれをどう扱うのか知らないからである。私は、真理の他の体系に生きた形で組み込まれたこの赤からは追放されてしまっている。私はそれが赤として開示されるのがどんな風土環境においてなのか、どんな意味と結びつくのかを知らないし、他人がそれをどうするかを知らない。その時から、私自身の真理が私にとって交通［＝伝達］不可能なものになってしまい、私の外部で、別の空の下で、別の次元で生きることになり、**存在**は私から逃れてしまう。そして、そうなると、生きた直観としての、内化された有限性としての私の真理は、外的制限を受けることになる。つまり、それは私の真理でしかもはやないのだ。（他者は私を超出している。それは批判のときも同様であって、「彼は～ということはよく見てとったが、～ということは見てとらなかった」という訳だ）。そして、おそらく、他者と交流すれば、彼が私よりうまく見てとったものを指摘してもらい、盗まれたものを私に返してもらうことができる。しかし、彼はまた返さないこともできる。このように、私の真理は他者の自由によって限界づけられている。そして、特に、彼は私に完全には返さないこともできるのだ。というのも、ある種の予測的含意や、ある種の開示的な観点ですらも、彼には主題化されてはいないからである。

真理と贈与

このように、あらゆる真理は、私がいつまでも知ることのない外部を備えている。ここで問題となっているのは、私の真理を構成している乗り越え不可能な無知である。こうして、私が傲慢にも、自分こそは世界にこの真理をもたらす者だ、と主張できる瞬間に、私は慎ましく、この真理は私から逃れる無限の側面をもっていることを進んで認めるべきなのだ。これらの多様な側面や逃れてゆく次元が現実に存在することを避けようとして、発見した真理を自分だけのためにとっておく人々がいる。しかし彼らは、そのことによって、贈与の特典を失ってしまう。ところが、この贈与こそが間主観性の絶対性への通路なのだ。それに、他方で、真理全体がそれ自身によって外部をもつためには、他者の実存によってこれらの側面が潜在的に含意されているだけで十分なのだ。こうして、物惜しみしない［＝寛大な］態度とは、真理が私から逃れるという意味で無限になるために、他者たちに真理を投げ与えることである。もっとも、この無限性は、しばしば潜在的なものに留まる。というのも、たとえ与えられた真理を他者たちが理解したとしても、彼らはそれを何ものにもしないし、それをただ繰り返すだけだからだ。しかし、この段階は暫定的なものにすぎない。この段階は、創造者がただ誇らしく思う段階である。彼は、池に石が落ちるように、人々の精神のなかへと落ちてゆく真理を与える。彼は真理を超出するの

生成する真理

に、人々は真理を超出しない。しかし真理の本質自身のうちには、超出されるべきであるということがある。

[60]〔↓一八四頁〕

だからこそ、世界を囲い込もうとするあらゆる哲学的体系（デカルト、カント、ヘーゲル）は、盲目的な純粋な傲慢の段階に留まっているのだ。それに、この傲慢は絶望へと変わる（ヘーゲル）ということも付け加えておく必要があろう。というのも、もし真理が生きたものであってはならないのだとすれば、体系は死んだ真理となり、世界はそれだけのことになってしまうからである。豊かさが貧しさになるのだ。歓喜は開かれた真理からやってくる。つまり、私は世界をその全体性において理解したが、それでも世界は依然として理解されるべきものであり続ける。というのも、もし真理が停止してしまったら、真理は与えられたものとなってしまい、自由は受動性に席を譲ることになる。同時に、私は自分の真理によって無防備に他者に引き渡されているので、他者の視線によって、私の発見もろとも、対象へと変えられてしまう。私が**存在**のうちに見たものは私の主観性を測ることになり、私は、私の実存そのものによって、他者にとっての対象となってしまう。

開示の外部

　このように、世界のうちに私が把捉した真理の部分を、私の[64]態度や、私のコンプレックスや、私の歴史的環境から説明することができよう。だとすれば、私の精神の自由な活動としての開示そのものにも外部があるわけだ。この外部は私がこの開示を自由に行っている時にも私から逃れている。私は自分の知らない客体性に戦慄する。そのために、それを突き放そうとする悲観的な試みが行われる。つまり、私が見ているものが、私の歴史や気質や教育などとのたんなる関係として、私に現われると解するのがそれである。このような事態においては、なんぴとも私からそれを取り上げることができないような絶対的な接触としての明証性に頼らざるをえない一方で、この明証性がその内部においてまで他者たちの視線によって貫かれていることも認めなければならない。そしてこの視線は、この明証性を抹消することはできないが、この明証性を決定するのだ。こうして世界のある様相を開示する自由としての不安が、他者たちによって小市民階級の客観的な状況から説明されることもありうる、ということを私は受け入れなければならない。しかし、この明証性がこの状況と相関していると考えるのは誤りであろう。つまり、この明証性がなんら開示的ではなく、たんに主観的な付帯現象であると考えてはならない。たとえ実際に、この明証性が、没落する小市民と彼の投企という基盤の上で展開されたものだとしても、それは絶対的で、絶対的に伝達可能な**存在**の開示なのである。[65]

　普遍的な真理に関して言えば、そのようなものは、たんなる抽象的な陳述で

[61]

しかない。つまり、ある種の暴き出しを自由に実現するという誰にとっても妥当な、恒常的な可能性をたんに指示することでしかない。そうなると、暴き出しはもはや実行されず、真理は死んだ - 真理ないしは事実になってしまう。そうだとすれば、私が暴き出す生きた真理は、そのうちに固有な死を隠していることになる。それは真理が普遍化されることを要請するからなのである。別の言いかたをすれば、私の自由が他者たちの諸自由のただ中の自由であろうとするからなのである。真理は（ハイデガーの言う人間以上に）死へと向かった存在なのだ。じつを言えば、このことを要請するのは、開示された存在そのものではないし、おのれ自身に制限されている開示でもない。むしろそれは開示を行う自由がそれを要請するのである。というのもこの開示する自由は、自由であるかぎり、**他者**が自由であるための努力のうちで、そしてその努力によってのみ実存するからである。

II. 無知が行為によって強制されている、ということを我々はすでに見た。

(α) それは、真理が与えられているのではなく、活動の結果として現われなければならないからである。

(β) それは、**存在**が、存在 - して - ない目的によって明るみにだされるからである。このように、真理はまず存在へと到来する非‐真理である。

（γ） それは、対自が**存在**ではないからであり、また、即自の独立‐存在が次のことを含意するからである。つまり、即自に関する意識が即自を存在させるのではないということ（その点が、対自とは反対なのだ。対自が実存するのは、実存する意識をもつかぎりにおいてのみである）。したがって**存在**はつねに、すでにあったものとして、したがって、まずさしあたっては、そして本質的には知られていないものとして、開示を行う対自に現われるということである。

しかし、以上のことが、真理に関する無知（私は手紙を開封している。私はその中身を知らない）という地の上に現われる現在検証中の真理に関してあてはまるとすれば、真理の総体に関しても同様にそれはあてはまる。ここで言う真理の総体とは、私がいま携わっている真理、これから携わるだろうことを私が知っている真理、私がこれからも絶えず携わらざるをえないことを知っている真理である。実際、私はこの真理検証を越えて生きてゆき、実存するために検証を続けてゆくのである。このように、私の真理は他の無数の真理を知らないという地の上に現われるのであり、私の有限性ないしは選択の内面化は、知るために知らないことを――つまりこのことを知るために残りを知らないことを――、決定するということを含意している。だとすると、私の真理は、自分

［62］

無知である必要

の外部にあるものについての無知と内的な関係をもつことになる（たとえ外部が真理とは外的にしか関係しないとしても）。たとえば、この数学の問題を解くためには、私は政治状況に関する情報収集を断念しなければならない。問題と状況の関係は外的なものである。しかし、この問題を検証するために状況については無知であることを決断することによって、主観的無知が真理検証のための自由に選択された条件となる。

　さらにより一般的には、人間は、知と同様に非‐知をも世界に到来させる存在であるばかりではなく、行動するためには無知でなければならない存在でもある。実際、行動とは、目的から出発して**存在**を手段として明るみにだすことだ。つまり、行動とは当の**存在**の将‐来の［＝来たる‐べき］状態から出発して、**存在**を可能な手段として規定することである。しかし、まさに、この構造のゆえに、存在はさしあたっては知られていないのだし、我々が**存在**にやらせようとする作業の役割をまったく担えないようなものとして開示されることもありうるのだ。このように、目的はたんに可能的であるにすぎず、私は**存在**を知らないのだから、この目的を実現できるかどうかは知らない。このことはたんに**存在**に対する私の関係の結果であるのみならず、自由そのものの条件でもある。もし、実際のところ、我々が手段の明確な知識から出発して目的を決定するのだとしたら、現在が未来を産出するということになってしまうだろう。私が食べることを選択するのは、テーブルの上にナイフとフォークと肉を見たからというわけだ。しかし、そうであるなら、私は、たとえ開示する者であるとしても、これらの対象とその結果をつなぐ媒介者でしかない。私によってこれらのものは自らの機能を実現し、その結果を確実に産出することになる。これこそ決定論である。たまたま出会った手段が自分のもつ作用的な機能の純粋な結果として目的を出現させるというわけだ。目的は提案 propose ではなく、強制 impose になってしまう。そして、おそらく、ひとつの手段が現前することで目的が示唆されるということになる。喉が渇いてはいないのだが、紅茶のそそがれたカップを見ることによって、飲むことが示唆されるというわけだ。その場合、ある意味で、行動を示唆するのは、行動をなし遂げることの容易さだということになる。しかし、次の点に留意する必要があろう。

手段と目的

(1)　この手段が示唆的であるのは、欲望がなくても、飲むという可能性が手段の発見の前に私自身の可能性であるような世界においてのみである。つまり、私の身体組織は液体を必要とし、私の頭に浮かぶ考えとしては、たとえば、「今飲んでおけば、あとで忙しくなったとき、飲む必要はなかろう」、といったものであるからだ。こうして、手段の現前は眠っている目的を覚醒させるが、

［63］

それは他の具体的な目的の展望《パースペクティヴ》に立ってのことである（時間の節約がここでの真の目的で、飲むことはたんなる手段でありうる。いま飲むのはあとで時間を節約するためで、喉が渇かないようにするためである。具体的な目的は、あらゆる展望《パースペクティヴ》を未来の方から決定するような、行うべきある種の行動である）。もし反対に、手段を見ることが、直ちに新しい目的の追求を引き起こすと仮定するならば、我々は決定されていることになってしまうだろう。しかし、このようなこと自体、不合理である。というのも、目的の範疇《カテゴリー》がすでに措定されているのでなければ、手段が自らの目的を産出することはできないからである。

「タフ」であり、反観念論的であろうとするような美的概念は、音響や言語といった物質的なものが作品（目的）を創ると想定する。思想を創造するのは詩句の必然性なのであり（ヴァレリー）、シェークスピアにオフェリアを創造させる状況においたのは劇団の必然性（俳優に役をつけること）なのであり、あるいはまた、この大理石の模様が……等々である。確かにそうかもしれない。しかし、それが真であるのは、一般的な思想の展望《パースペクティヴ》のうちにおいてのみである（投企としての「若きパルク」、前の劇も成功したからハムレットの復讐劇を書こうという投企）。そして、この場合、結果は凡庸なものになる。つまり、可能な手段のうちにおいて開示された敵対系数のために、芸術家は他の手段を探らざるをえなくなった。その手段はより遠いもので、困難なものであったが、作品に一層の複雑さと幸福をもたらすことになった、というわけだ。ようするに、物質や予測せぬものや抵抗の重要性を、つまり状況の重要性を示そうとする現実主義の思想家たちの戯言にすぎないのだ。

(2) もし多くの人が夢見るように、この目的を実現しようという単純な決断が、諸手段の機械的な服従を引き起こすなら、諸手段は目的によってしか、そして目的のためにしか実存しないことになろう。世界との関係としては、目的によって規定された関係以外には存在しえないことになってしまうだろう(さもなければ、世界の変化の影響は進行中の現実化を中断する危険があるだろう)。ようするに、目的は、存在者を明るみにだすのではなく、手段を求めるあまり、自分固有の手段を無から産出することになってしまうだろう。目的は創造的になることだろう。非在は自らのために、実現のための固有の道具を創造することになるであろう。しかし、その場合には、次のいずれかになってしまう。まず一方の場合は、このように個としての人間を通じて自己を実現するのは精神であり、我々はもはや行動も自由ももたない。だがそうなると、人間自身は、目的実現のための手段になってしまい、人間は手段‐目的というベクトル上で串刺しにされてしまい、結局は目的によって創られたことになり、目

［64］
〔↓一八四頁〕
自由と危険《リスク》

的のうちで抹消されてしまう。——別の場合には、個としての人間が、その無償性において、ひとつの目的を投企する。しかし、目的が実現されるためには、それを投企するだけで十分なのであり、そうすると、我々は願望の国、あるいは想像力の国にいることになり、仕事の国にはいないのだ。そして、このような世界ではどんな決断も不可能になる。というのも、どんなことでも、考えればすぐに実現されてしまい、欲望と熟慮された選択との区別はもはやできないからである。延期 postponement は不可能であり、諦めるという決断も同様に不可能であり、最良の手段を考え出すことも不可能になってしまう。ようするに、可能性というものが総じて不可能になってしまうのだ。自分が考えることがすぐさま現実となることを目の当たりにするはめになる。つまり、私は自由の世界から離れ、夢の連鎖した世界へと移ってしまうのだ。ある可能事が現実となるためには、それが可能なものとして構想されるだけで十分であるとすれば、可能と現実の区別はもはやなくなってしまう。もし我々がそのような世界にいるとすれば、それは、ある可能なことが運命的に現実であり、反対に現実がつねに可能なものの次元に留まるような世界である。

このように、行動は、ある目的によってすでに存在する現実を明るみにだすことを要請する。そしてこの現実は、乗り越えるべき障碍や遅延や苦境として開示されうる。このように、自由の要請は、現実が私の意図に反するものとしてつねに開示されうるということである。ただし、この現実が絶対的で常に敵対的なものとして開示されるならば、当然のこととして構想可能な目的すらもはやなくなってしまうだろう。その場合にはただ、**存在**を越えて反芻され、泡のように消えてしまう可能性の儚い夢だけがあることになってしまうだろう。もし現実がつねに都合がよかったり、つねに敵対的だったとしたら、もはや夢しかないだろう。しかし、現実的なものが敵対的であるかどうか知らない可能性というものがあり、それが無知なのである（あるいは、行動に関する言葉で言えば、危険《リスク》なのである）。自らの存在における自由は、この危険への要求であり、自由にとってしか、そして、自由によってしか危険は存在しない。そして、結局のところ、危険に自ら身を晒すのは、自由自身なのである。というのも、つねに敵対的な現実の確実性が自由を殺すとすれば、つねに敵対的な現実によって殺されることの可能性は逆に、自由によって措定されるからである。自由は出現することによって、世界が自由を不可能にするという可能性を措定する。そして、この可能性はたんなる抽象的な限界などではなく、世界がつねにある種の自由を不可能にすることや（死にいたる局面や奴隷制）、あらゆる自由がその後には不可能な世界になってしまうこと（地球の崩壊）も可能だと

［65］
〔↓一八四頁〕

いうこと。これは真なのである。自由は、**存在**に関していかなる要求も提起しえない。私の自由がいま世界のただ中で可能であるということは、原理的な基盤をもたない事実なのである。

この意味で、自らの手段をその十分な責任において発見し創出する具体的な行為はすべて、つねに偶然性という地平で完全に把捉可能である。つまり、他の点ですべて同じだとして、世界の秩序が自由（この自由）を可能にするという条件で把捉可能である。しかし、世界のこの秩序は全体的で細部にわたる知識の対象となるであろうし、この知識は私には拒まれており、また、私は自分自身の有限性（個別な目的の選択）を内面化することで、それを拒んでいるのだ。このように、自由は、世界が人間的な企図にとっておく運命一般に対して、根本的に無知であることを要請する。この無知は、自由を純粋な自由として自ら自身の目に対して暴き出す。言いかえれば、この無知は、いずれにせよ、そして、その結果がどんなものであれ、自分自身の権利を主張する。このことが意味するのは、反対に、目的を指図するのは手段ではないということだ（実在論）。――そして、また手段の実存への権利を行使するのは目的の美ではないということだ（観念論）。そうではなくて目的は自らを措定し、自らを追求するが、それは、機会の外部においてであり、それは結果がどうであろうとも、また状況が確実に敵対的なものとして現われさえしなければ、そうなのである。それに結局のところ、自由は自分自身の目的の選択によって破壊されることを選ぶこともできる（絶望的な抵抗）。なぜなら自由の失敗は、自由が世界の秩序とは異なった秩序であることを証拠だてているからである。

人間的現実は行為の正確な可能性を知らないから、その結果のすべてではないにしろ、大部分をも知らないことになる。実際には問題は次のように立てられる。すなわち、私の選択は、私の有限性の内面化として、ひとつの有限な目的の選択である。しかし、その一方で、世界において実現された対象物《オブジェ》は、諸存在の無限な集合と無限な関係をもつのであり、さらに人間的世界において実現された対象物《オブジェ》は、無限な様相のもとに捉えられ、無限な行為のための踏切板《トランポリン》として使われることになろう。実際、それはひとつの可能性にすぎない。行為のうちには、一定の敷居を越えることなく消滅するものもあるし、またこの敷居を越えるものもあるし、また、他の一連の干渉によってすぐさま道を塞がれてしまうものもある。しかし、私の行為が無限に無限な結果をもつという可能性は依然として残る）。私の行為である限り、これらの結果は私のものであり、私はそれらを引き受けなければならない。しかし有限である限り、私はこれらの結果を知ってはいないのだ。したがって、自由の状況とは、自分が知らない

［66］

もの（自分の行為の結果）を要求するために、自分がなしたのではないことを引き受けること（状況の受諾）である。ここではこの要求の構造（行為から客観的なものへの移行）の検討はしない。この無知、あるいは有限性そのものによる無限の要求を指摘するだけで十分である。選択とは有限性の内面化である。選択の結果の受諾（無知と未来のうちで行われた受諾）は無限なものの内面化である。

　それは、行為が有限性の決断であるべきではない、という意味ではない。私は有限な数の結果にしか関心がない（私は自分の世代と次世代の展望《パースペクティヴ》において行動する）。しかし、この決定自身が無限性という地を含んでいる。実際、私はそのことによって無限の結果に対する私の関係についてまったく自由に決断し、全面的な責任をもって、ある種の限界を越えた無差別な仕方で、これらの結果の責任を負うことを決意する。ようするに、私は未来の法廷に対してこの無差別的なあり方に対する責任を負うことを引き受けるのである。（このことが意味するのは、私がこれらの結果との関係を打ち立てるということである。というのも私は、とにもかくにも、これらの結果をあまり関心［＝利害］のないものと見なしているからである。したがって、それらの結果がどのようなものであれ、いずれにしろ受けいれなければならないものとして私は引き受けている。そしてもし、後になって、それらの結果のうちのひとつに私が直面しなければならなくなったとしたら、私は、「後悔などしていないし、もし、もう一度やり直すことになったとしても同じことをするだろう」と言うことができるのでなければならない――少なくとも、それがしばしば失望させられる私の投企なのだが)。しかし、そこにもまた、危険性はある。というのも、私の決断がある種の結果に無知であろうとすることであれ、あるいは、それらの結果をすべて引き受けようとすることであれ、予測外の結果が予想された結果を破壊する可能性があるからである。つまり、これこれの社会集団や人物の幸福を保障しようと望んで、私がある目的を立て、それに到達したとする。しかし、その目的の後々の結果がまさに望まれた幸福を破壊することになるという場合もある。ようするに、危険性はこの目的の実現(手段の敵対性)のみならず、そしてこの目的の遠い結果のみならず、直接の結果にも及ぶのである。

自由はなんらかの遺産を引き受けなければならないし、自由が何をしようとも、なんらかの遺産を残すのである。自由は、この遺産がいったい何なのかも、相続人がそれをどうするのかも、その相続人が誰なのかも知ることができない。自由は自分が目的に達するかどうかも、達せられた目的が自壊するかどうかも知らない。しかしこのような危険性と無知の遠近法《パースペクティヴ》において、自由は自らを

[67] 歴史化し、**存在**を**真理**として暴き出す。そして、自由の状況とは、いずれにしろ、たとえ危険を回避しようと望むときでも（『サラーマの町で会おう』[66]）、このような危険を引き受けるということにある。もし自由が危険を回避することに夢中になるならば、自由は自分と危険との関係を断ち切ってしまい、この偶発事を引き起こした当人であると主張することはできなくなる。したがって、偶発事が起きたときには、それは運命という姿で自由へと到来することになる。たとえば、私が飛行機や電車に乗ることや、外出することや、入党することを避け、生命の保全をはかるならば、チフスやコレラといった私の投企にとってまったく外在的な死が運命になってしまう。反対に、先に述べたようなあらゆるアンガジュマンによって、私が死の危険性を恒常的なものとして（無知のなかで）受け入れるなら、病気による死は、偶然という姿をとる。それは予測され引き受けられた危険がとったひとつの形なのだ。つまり、この死は人間的なものになる。根本的《ラディカル》な反対に出会う可能性のある世界において、自由が自らの実存そのものを危険に晒すためには、**真理**の影の面としての無知が必要なのである。こうして、**真理**は、真理を不可能にすることができる世界という地の上で現われる。自らの不可能性というこの可能性に抗して、**真理**は闘い、自分の実存そのものによって自己肯定する。いま見ているこのものを見ることで、私

は可能性を出現させる。それは、もはや世界のどんな場所でも他の視点《ビジョン》が不可能だという可能性である。しかし、また同時に私は、**真理**が世界を明るみにだすこの時間的契機（その三つの脱‐自的次元とともに）がありえなかったという不可能性をも創造する。このようにして、ひとつの絶対者が現われる。**真理**は、至高の危険性という〈地〉の上の絶対者である。

構造的な無知

III・しかし我々がこれまで検討したあらゆる無知は、たとえそれらが**真理**をその本性において本質的に決定するとしても、自らを時間化する無知、つまり、無知から知へと移行する無知である。今のところはとりあえず知らないでいる自分の行為の結果を、私はのちに知ることになるだろう。また、他の人たちは他の結果を知ることだろう。これらの結果が私にとって重要性をもつのは、それが開示されたとき、すなわち、真理となったときである。人間的な自由に与えられているものは何ひとつないのだから、私の有限性と、真理が時間化する必然性のみが、私をとりまくこの無知の地平を構成する。しかし、その他に構造的な無知というものも存在する。言いかえれば、けっして真理へと時間化されない無知も存在する。人間は、いたるところで真理を担うのであるが、その人間が真理検証性の禁じられている領域で可能的な真理の地帯を創造する。このことによって今述べた無知が到来するのだ。言いかえれば、人間は、その実存そのものによって、そして答の不可能な問いによって先取りを行うのだ。このことは、問いが空想の産物であるとか幻想であるということではないし、認識のアプリオリな構造に由来する純粋に主観的な問いであるということでもない。まったくそうではないのだ。むしろこれらの問いは**存在**との関係であり、検証可能なものとして**存在**を構成することである。これらの問いの真理は存在する。しかし、同時に、この真理が真理であるとしても、それは誰にとっての真理でもない。このような必然的な無知のただ中に我々を引き込む例をひとつだけ挙げておこう。

[68] 他者へ向けられた真理

人間は**他者**を、意味作用を行う対象《オブジェ》として捉える。そして、**他者**の死というものによって**他者**の生の真理が運命として出現する。対自は、**他者**の明証性に基づいて、自分自身の生もまたある日、運命として真理をもつことを知っている。ただ、このことはまだ根源的な無知ではない。というのも、私の人生の客観的意味が私から逃れてしまうとしても、その意味は他の人々にとっては存在しうるし、私は自分の行動や危険性のうちに私がそうあってほしいと望むような意味を思い描くことができるからである。このことによってすでに、我々は共-存在の外面性においてしか意味をもたないひとつの真理を捉えている。私が生きている時代は、それ自身ひとつの客観的意味をもっている。だがこの意味は、自ら生きることによってこの時代が創造するものであると同時に、時代自身からは逃れてしまうものでもある。というのも、時代がこの意味を創造するのは、他者たちに対してだからである。とはいえ、その意味作用の問題はその時代にとっては生きたものである。なぜなら、この時代は後にこの意味をもつことになることを知っており、それを前もってつかもうとしているからである。しかし、時代がその意味をつかもうとしている仕方自体が、次の世代の目にとってはその時代の意味を与えるときに役立つことになる。たとえば、社会的現象を経済的要因によって解釈しようとする我々の努力は、後の世代にとっては我々の世代の精神的な特徴としておそらく現われるだろう。つまり、自らを探求しつつある時代によって暴き出された物質的な真理は次の世代にとっては精神的な真理になることだろう。

知られざる真理

　こうして、時代は自分自身にとっては真理であるが、それは知られざる真理なのだ。とはいえ、この時代に関する開示された真理というものが将来にはある。こうして、精神が脱全体化的全体性である以上、ある集団の真理が他の集団にとって、あるいはひとりの個人にとって、つねに存在する。しかし、その結果、脱全体化的全体性としての精神は、自らの全体的意味についての問いを立てることになる。人間による全体化があるかぎり（たとえば、**歴史**の破局的な終焉）、そして人間的なもののこの死が直接的かつつねに、自由の不可能性の可能性として可能であるかぎり、人間の全体性は恒常的にあらゆる人間に現前する。もし人間の全体性が全体化可能な全体性であったとしたら、つまり、それが一にして普遍的な人間の意識であったとしたら、全体性は自分自身の意識としてあるのだから全体性となるだろうし、**存在**と**真理**がひとつであるような領域へと到達することだろう。しかし、脱全体化的全体性であるかぎり、人類の運命が現われるのは、つねにひとりの他者に対してなのである。全体化とはつねにひとりの人間が行う全体化であり、彼は過去をこの日まで、そこにいるすべての人間とともに全体化する。しかし、この全体化は主観的なものに留まるし、決算の恣意的な停止によるひとつの歴史的な全体化という姿で、それ自体も**歴史**のなかに入らざるをえない。もちろん、もし人類の死といったものがあれば、それは決算の絶対的な停止による現実的な全体化になるだろう。そしてこの停止に関する不断の意識が、――それが非主題的にしか意識されていないとしても――、人類の真理に関する予測を万人へと向けて出現させるのだ。人類の全体化がつねに可能であるかぎり、人類の真理がある。人類はひとつの運命をもち、**歴史**はひとつの意味をもつ（たとえ、それが一連の破局的で不条

[69]

理な出来事の意味であるとしてもである。というのも、その際には、人間が世界に意味を到来させるものであるのに、**存在**に意味を与える存在者〔＝人間〕にとってひとつの意味が不可能であることが歴史の意味になってしまうからである)。

しかし、**歴史**のこのような意味は**歴史**の外部に位置する存在にしか現われえないだろう。というのも、**歴史**に関するいかなる了解もそれ自身、歴史的なものであり、何らかの未来からの展望《パースペクティヴ》において、それゆえ新たな目的の展望において、時間化されるからである。もっとも、必ずしも神とか創造者《デミウルゴス》が問題となっているわけではない——それは人類のなかで最後に残った人間かもしれない——。いずれにしろ、人類の目を閉じてやる誰かが必要なのだ。そしてこの誰かは原理的に不可能であるのだから、人間はなんぴともけっしてそれを知ることがないような真理の製作者なのだ。言いかえれば、自らの終りに達した対自が**存在**へと移行し、そのことによって夜のなかに沈み込んでしまうのだ。しかし、対自は、自らの実存によって**存在**を明るみにだすものなのだから、自分自身の死を越えて自らを明るみにだそうと投企するし、このことによって、明るみにだされうるものとなる。ちなみに人間的なものを全体化するのに、我々のものとは異なる情報の手段とか知性などは、原理的には必要ない。たとえば、孤立し絶滅した人類の生に関する全体化的な情報を、現在の科学者集団に与えるなら、彼らはおそらく少しずつその意味を引き出すことができることだろう。**真理**が不可能となるのは、人間が**歴史**を作るから、それも、**歴史**を認識しつつ作るからである。このように、自由であるという事実によって、人間は人間の絶対的真理につきまとわれている。この絶対的真理は、完全に接近可能な潜在性として実存し、歴史科学の動力として役立つプラトン的理想ですらあるのだが、それにもかかわらず、原理的に人間からは逃れてしまう。人間とは、自己自身の無知である。人間が自己を知らないのは、人間が自分自身を作るからであり、過去の自分を明るみにだすために誰か他者を必要とするからだ。人間が自己を知らない者であるのは、人間が自然ではなく、運命だからであり、また人間の冒険が、それに意味を与える誰かが残っているかぎり終わらないからであり、その後に証言者がいなければ、虚無へと埋没してしまうからである。こうして、存在を明るみにだす光は存在に由来するが、この存在は、主観的な意識として純粋な明晰性（真理の彼方の）であると同時に**運命**として純粋な闇（真理の手前の）でもある。[67]

たとえば、「なぜ［＝何のために］人間は生きるのか」という古典的な問題を考えてみよう。この問い自体が、人間とは世界に対してためにということをもたらす存在であるということに由来する。しかし、それは、人間が自らの精神のうちに範疇《カテゴリー》のようなもの、つまり、世界に関するいかなるアプリオリな権利も有さないような目的性の範疇《カテゴリー》をもっているという意味ではない。なぜは、行為と自由によって世界に到来する。このように、世界になぜ［＝何のために］を出現させる存在は、このなぜを自分自身に向けて立てるために、自らを顧みることになる。しかし、孤立した人間の主観的な答は明白である。実際、彼の存在の〈理由《なぜ》〉があるのだ。しかし、この〈理由《なぜ》〉は彼には与えられることができない。というのも、彼自身の自由があらゆる〈理由《なぜ》〉の根拠だからである。私の実存の〈理由《なぜ》〉は、究極の投企であり、それへと向けて私が自らを投企する本質的な可能性である。私の実存の〈理由《なぜ》〉は私の実存そのもののうちに出現する。しかし、**他者たち**が、特に後の世代の人々が実存するということによって、私の実存の〈理由《なぜ》〉は私の即自存在の客観的理由として与えられてしまうことになる。私はちょうどよいときに出現し、私の存在の意味は時代全体から見て、宿命的な様相において捉えられるのだ。私の実存が前へと向けて投げかける〈理由《なぜ》〉は、時代における私の役割に取って代わられる。だが、この役割は必ずしも同じものではないし、それどころかその反対であることがしばしばである。このように、私は客体＝客観的になってしまう。私は、自分の

[71]

〈理由《なぜ》〉を、私が表現する時代から受け取る。その時、私は自分の〈理由《なぜ》〉を運命として受け取る。(「X氏の作品は、たいへん拙劣なものだが、それが体現している時代性のために貴重なものである云々」)。結局は、我々は人間の存在理由を見出すのだが、その存在理由とは、**歴史**の終りに立ち会う超越者によって、人間の運命として捉えられた〈理由《なぜ》〉ということになろう。こうして、私の内には自分の知らない〈理由《なぜ》〉が住まっている(それがカフカにおける不安の意味であるし、またヘーゲルにおける「理性の狡知」の意味でもある)。理性の狡知は、自由な選択としての主体性のうちにおいては、いかなる場所ももたない。それはまさしく客観的なものへと移行する通路なのである。こうして、自分の運命を選択しながら、私はフランス人として、ブルジョワとして、二十世紀の人間として……、行動することになろう。私の客観性は、知られざる現実として私の主体性につきまとう。

　前世紀の農村的なものを特徴づける身体の衝動とのつながりは、その人たちにとっては生きることの絶対的な様態である。我々にとってそれは客体=対象=物になる。立場の逆転があるのだ。来たるべきものであった〈理由《なぜ》〉が、今や私の一連の客観的な顕われの超越的な意味になってしまう。このように、自分の根本的な〈理由《なぜ》〉の主体的選択を通じて、人間によって作られた人間の

〈理由《なぜ》〉があり、それがまさにその選択をした者によっては知られていないということがある。というのもこの〈理由《なぜ》〉は、主体的に実存された選択が客体的なものへと移行する通路にすぎないからである。移民しようという私の自由な選択は移民の統計において、客体化され、逆転されてしまう。そうして私は、私を押す巨大な移民の流れのひとこまになってしまう。「十八世紀には移民の傾向が増大したが、その背景には云々」。あるいは、私が行った行為は客体化され、他者の行為と結びつけられ、「ブルジョワの凋落の動き」となってしまう。そうなると、すべては、意識がごまかすものであるかのように、そして社会的要因や経済的要因が歴史的行為者の無意識であるかのように、生ずることになる。

歴史性と史実性

私は歴史性と史実化とを区別したい。[68] 私が歴史性と呼ぶものは、**歴史**のうちで対自が自分に関してなす投企のことである。ブリュメール十八日のクーデターを行うことを決断することによって、ボナパルトは自らを歴史化する。一方、私が史実化と呼ぶものは、歴史化が客体的なものへと移行することである。史実化の結果が史実性であり、時代への客観的な所属である。歴史化がある時代を客観的に超出することであるのに対して、史実性は時代のたんなる表現にすぎないということは明白である。史実化とは、後の時代の観点から見られるこ

[72] 自己歴史化

とで、超出が失墜することであるし、歴史化から史実性へと移行することである。したがって、永続的なごまかしがある。もし終了した歴史があるとすれば、それは、参加《アンガジエ》していない超越的な意識にとっての人類全体の史実性だろう。つまり、人々の自由な歴史化が固定した**運命**になってしまうだろう。ひとが歴史を作るのだが、書かれるとそれは別のものになってしまう。[69] ウィルヘルム二世[70]はイギリスの帝国主義と闘うことを決意した。ところが、この歴史化が史実性に堕すると、「ウィルヘルム二世によって、プロレタリア階級と有産階級が対立しあう世界的な内戦が始まった」ということになってしまう。しかし、ここでしっかりと見なければならないのは、具体的な絶対者も絶対主観への真理の暴露も、歴史性のなかにあるということである。そこに史実性の付帯現象を見るのは誤りである。むしろ史実性は、私の投企に与えられた意味ではあるのだが、それはもはや体験された具体的なものは何もなく、たんに抽象的な即自しかないという限りでの意味なのである。

このように、ごまかす歴史に抗して、自らを歴史的にする必要がある、つまり、史実性に抗して、自己歴史化する必要がある。それは内面性としての体験の有限性にしがみつくことによってのみ可能であろう。自分の時代を永遠のほうへと向かって超越する試みによっても、我々の影響の及ばない未来のほうへと向かって超越する試みによっても、史実性から逃れることはできない。事態はまさに逆なのだ。むしろ、この時代においてのみ、そして時代によってのみ自らを超越することを受け入れ、そして、自らに提起する具体的な目的を時代そのもののうちに探求し、そうしてはじめて、史実性から逃れることができるのだ。もちろん、私は自分自身を知り、自分をこの時代において望もうとするのであり、また、未だ到来していない時代のほうへではなく、この時代をそれ自身のほうへと超出するのであるから、そのかぎりにおいて、私は史実化を免れることはできない。しかし、それは最小の史実化、つまり私の時代だけにおける史実化である。私は自分の孫たちと一緒に生きるなどとは主張しないことによって、彼らに自分たちの基準で私を裁くことを禁じるのだ。私は、彼らがそれを使って自分のしたいことをするために、自分の行為を提案として彼らに与える。それによって、私の望むこと以外のことを彼らが私の行為によって行うという危険から逃れるのである。

＊　以下一六六頁から一八四頁まではノートへのサルトル自身の書き込み

[3']

〔→三〇頁〕

真理が**存在**と同一であると我々が思うのは、人間的現実にとって存在するすべてのものが真理という形で存在するからである（私をとりまくもの、樹、テーブル、窓、本、これらは真理だ）。実際、すでに出現している人間に対して存在するすべてのものは、「ある il y a」という形で存在する。世界は真理なのだ。私は真理と虚偽のうちで生きている。私に対して顕われる諸存在は真理としてまず与えられ、時には後になって、虚偽であることが開示される。魚が水のなかで生きているように、対自は真理のなかで生きている。

誤謬とは見かけのことだ、とよく言われるが、それは誤りだ。反対に、もしひとが見かけだけに関わるのならば、見かけはつねに真理である。見かけが存在なのだ。私が人間だと思ったあの樹は、見かけ上は人間であるが、現実には樹である、というわけではない。見かけ上は（つまり直接的な現われとしては）、宵闇に出現した影の暗い何かなのである。そして、このことは真実だ。それはある存在の出現である。虚偽なのは、真理検証に付される私の予測のほうなのだ。予測はより深い現実を目指しているのである。言いかえれば、見かけ／現実という対概念（とりあえずの偽りの対概念）において、見かけはつねに真であり、偽は現実のレベルのほうに位置する。見かけはつねに存在の開示であり、現実は存在の開示であることも、またないこともありうる。

[4']
〔→三二頁〕

論述の導入部

ハイデガーが述べるような[71]、**存在**をあるがままに存在‐放任させる態度は、出発点でしかない。

真理に対する二つの態度がある。

(1) 真理＝受動性。あるがままの存在を観想すること。（私には変えることのできない）存在の現前性が強調される。

(2) 真理＝能動性。表象の体系として真理であるものの構築（構築としての主観性が強調される。了解するためには行動する必要がある。）

ハイデガーの命題は綜合を与える。主体を変容されないままに放任するように構築する。構築されていないものを開示するために構築する。その触れられていない現実において、あたかもひとりで存在するかのように、**存在**を散開させるがままにするように、振る舞うこと。存在するものを創造すること。

したがって、根源的な問題は次のようなものだ。

〈すでに‐あるもの〉の創造者であることができ、一連の行為によって、すでに‐あるものをその創造されていない本性のうちであるがままに創造することができるような型《タイプ》の行動とはいかなるものであろうか。

このような行動が可能であるためには、意識は、そして**存在**はどのようなものであるのか。

そして、もし認識が直接的接触ないしは直観に基づいているとすれば、フッサールの言う構成的直観であることなく、観想的（受動的）ではないような直観とは、どのようなものであるか。

［7'］

〔→三七頁〕

ずいぶん前に我々は祖父たちの亡霊から解放された。もし、いま曾孫たちの亡霊から解放されたとしたら……。[72]

[8']〔→三九頁〕

最後の背後世界は、明後日の世界である。

[10']〔→四三頁〕

観念はどのように形成されるか

個としての人間にとっても、生きた真理と死んだ真理がある。死んだ真理とは、検証された真理である。この真理は他者によって、認められ〔=聖別され〕、もはやその中に入ることも、周期的に再‐検証することもできない。そのような場合、真理は即自となってしまう（というのも真理は他者によって即自のうちに固定されたからだ）。このような真理は、世界のうちにある物であり、固定された性格の特徴であり（私が～と言った人間だ）、あるいはこの真理を発見した人の所有物である（私はいつもそう言ってきた、等々）。

こうした観点から見ると、観念とは何なのかを了解することは容易である。ある観念はつねにある目的の微光によって、即自を解読する投企のことである。目的は観念ではなく、たんに手段としてこのものを会得することである。したがって、観念はつねに実践的である（純粋な認識において観念は、真理検証の図式であるから、実践的である。数学的観念は、解答を与える演算の粗描である）。ひとつの観念とは、その形相的現実（主観的）の観点からすれば、**存在**

［11’］

へと到来すべき行動であり、それは**存在**を通して私に到来する。観念とは、諸可能性の主題化である。客観的観点（客観的現実）からすれば、それは思念された即自存在をもっており、その即自存在は観念が**存在**から借りてくるものである。観念は**存在**へと到来する**存在**の将来である。言いかえれば、**存在**の新たな状態を思念することだ。観念は**存在**の新たな状態への可能な現前としての私自身なのだ。行動図式は、行うこと（の）意識（非定立的意識）であり、対象の意識は、行動に相関して獲得された‐**存在**の意識である。私は現前する即自の前にいて、ある行動の粗描を行う態勢にある。この行動は、**存在**との接触であるから、それ自身においてかつ統一的に、**存在**の将来を**存在**において粗描することだ。この将来は**存在**のうちに存在すると同時に存在しない。もし、私がこの塊を土手の上に置くために持ち上げるとすれば、私は土手を塊に対する未来のものとして構築し、塊を土手の上の未来的な圧力として構築する。塊と土手は存在する。私は一方の上で他方を用い、私が手に持っている存在（石）のために、土手（私の見ている）というこの借り物存在を構築する。そして土手（私の見ている）のために、私が手に持っている存在を構築する。このような交差配列が借り物存在を産出する、つまり即自の未来的な即自ないしは、行動図式の客観的現実を産出する。

観念の第二の状態は、それを生きたありかたで検証することである。つまり、それは行動が対象へと吸収される瞬間、つまり行動が対象の方から、そして対象によって変化し、対象の性格そのものや作業の結果になってしまう瞬間である。そのさい、私のナイフによって特徴がこの対象のなかに刻印されることもあるし（そして、その場合、視界においては今や破壊不可能な形の下でそれは出現する）、また、私の視界によってすでに刻印されたものとして暴き出されることもある（いずれの場合でも真理検証の動きは同じである。しかし、最初の場合では映像《ヴィジョン》＝視覚はナイフの先にある）。その場合には、すでに見たように、客観性と主観性との相互補完性がある。つまり、私は存在しているものを創造したのだ。

観念の第三の状態は、観念が他者のために陳述されることである。他者はこの陳述をひとつの即自にする。彼はこの観念を即自の形で私に返す（対象の永続的指標）。この場合、観念は死んでいる。私が観念のうちに入り込んで取りもどさないかぎり、観念は物になっている。

[12']

〔→四七頁〕

言語。記号の本質とは、もし記号がなければ純粋に主観的なものになってしまうであろう投企に、自らの存在を貸すことである。

原理。主観的なものや、自己への現前や、存在の虚無化が、存在を産出することはけっしてできない。**存在**に関わり、したがって、客観的な現実をもつような（**存在**の思念）いかなる投企、創出、暴露、言葉も、自らが目指すこの未来の存在を存在から必然的に借りてこなければならない。そこにないもの（不在のピエール、遠くの我が家）を、私が構想でき、想像でき、名指すことができるのは、私にその存在を貸すなんらかの存在を通してでしかない。私は、この存在を不在の存在のほうへと超出する必要がある。その二つの方法が、記号とイマージュである。

観念はけっして主観的ではない。それが主観的なのは、それが非定立的意識として、私の現在の非定立的意識にとって、未来であるということにおいてのみである。このことが意味するのは、観念はあらゆる真理の構造的様態のうちにある（対自に対する即自）ということだけである。観念は、即自存在に対し

［13’］

て即自存在の到来すべきもの［＝将来］である。ひとつの観念とは、つねに**存在**のうちにおける結果の統一性であり、結果へと導く**存在**の変容の統一である。定理とそれを証明する（それを見えるようにする）数学的構築との分離し難い統一や、物理学の法則（**存在**の構造）とそれを検証する実験［＝経験］との統一や、また逆に**存在**の新たな状態（道具への変移）とそれを得るための手段を見つけることを可能にする〈視点《ビジョン》〉（真理はここでは構築の段階にある）との統一など。たとえば、この浮体を構築することは、アルキメデスの原理が真理であることを含意している。逆から言うと、アルキメデスの原理が真理であることは、この浮体を構築することでなされる真理検証を含意している。有用なものが真なるものを包み込み、真なるものが功利的なものを包み込んでいる。観念はけっして純粋に実践的なものでも、純粋に理論的なものでもない。それは実践‐理論的なものであり、理論‐実践的なものである。

観念はひとつの判断ではないし、対象にいかなる変容ももたらさない仮想的統一化でもない。観念とは現実の統一化の投企である。アプリオリな総合判断というものはない。というのも、認識の存在論的継続性はないので、そのようなものは必要ないからである。なされるべき現実の綜合の根拠として、自由があるのだ。人間によって宇宙に綜合が入り込む。そして人間は綜合を行うことによって、綜合を暴き出す。関係性ということが、人間が**存在**による自己との関係であるという事実から来るのだ。そして、関係性は、つねに行動的である。関係性は、**存在**のうちに刻み込まれているのだ。

[14']〔↓五一頁〕

【(73)このように、**存在**が認識可能であると言明することは、**存在**に関するいかなる前提をも含意せず、むしろ自由が自分に対してもつ純粋な意識を含意する。自由は**存在**へともたらされており、**存在**へと順応している。】

[20']〔↓六二頁〕

【私の鉛筆が落ちる。私はそれを拾う。それが同一の鉛筆だということがどのように証明できるのか。私がそれを拾うという事実によってである（ベルクソン『プラグマティズム』(74)序）。そうではない。むしろ、永続性を含意する行為の整合性によってである（メルロ－ポンティ）。】

［21'］〔→六四頁〕

存在に対する人間の定位《ポジション》は、**存在**が予測によってのみ発見可能であることを含意する。つまり、それが意味することは、**存在**を明るみにだすということがいかなる場合でも、予測によって行われるということ、つまり、未来の真理検証という条件下において行われることである。したがって、原子論は、開示されたものを明るみにだすような予測であり、これからも長くそのようなものであり続けるだろう。というのも、この理論は予測の根源的な行為であり、それは無限の真理検証可能な充実を指示するのであって、決定され直接的に見ることができる対象を示すのではないからである。真であれ偽であれ、原子は非在でもあるのであり、それは借り物の存在によって**存在**の無限の系列を明るみにだす。

［23'］〔→六八頁〕

死んだ真理があるように、死んだ誤謬というのがある。

［26'］
〔↓七三頁〕

暴き出すことによって私は、存在しているものを創造する。真理を与えることによって、君にすでに与えられているものを私は君に与える。しかし、それだけでなく、私は君の純粋な自由にこの存在を与えるのだ。というのも、今度は君自身がこの存在しているものを再創造しなければならないからだ。（というのも、自由は、真理がけっして所与［＝与えられたもの］ではないということを含意しているからだ）。

［27'］
〔↓七五頁〕

【欠けているのは、存在者に関する真理と本質の真理とを区別することだ。真理が贈り物であるとき、それはつねに存在者的なものから本質への移行である。ブランショ［が言ったように］。ある対象を名づけるとは、それを物としては殺し、本質へと転換し、その存在を言葉の中に吸い込ませ、言葉を物で置き換えることである。】

［28’］〔↓七七頁〕

【体験され、なされたのでなければ、真理は真ではない。浮気の開示は虚偽である。しかし、日々結婚生活を形成したり解体すること（二人の責任）にあなたが寄与するならば、まさに妻が浮気をする瞬間に、夫であるあなたは浮気を発見できるだろう。】

［32’］〔↓八四頁〕

【恒常的で付加的な開示としての真理。ひとは真理のうちにいるのだが、真理を見ない。その時、真理は確実さになる。しかし、もしそれを私が他者に与えれば、この真理は即自としての真理になる。】

対自によって即自存在に到来する未来の三つのタイプ。

（1）　即自存在の現在が未来の開示として現われる。**存在**は自らがあるところのものを発見することになる。観念はこの存在［者］を発見しようとする投企であり、したがってこの存在［者］へ向けての志向である。真理の境位《エレメント》において、**存在**の現在は**存在**自身にとっての未来である。このようなものが、我々をとりまく静的な世界である（閉じられた本、置かれた受け皿、蓋のしまったインク瓶、等々)。

(2) 投企は、**存在**の一貫した特性を発見することであるが、この特性は、ある特別な状態においてのみ現われる(ナトリウムはつねに黄色い炎をだして燃え、塩素と水素の化合は光をあてればつねに爆発する)。特性とは、現在と未来の中間項である。それは**存在**の現在的構造の暴露であるが、その構造は世界との決定された一定の接触の機会にのみ顕われる。それは**存在**へと来るべき純粋な「現在」であるが、厳密に自らの現在によって根拠づけられている。**存在**の可能なものの創造。

存在から発するこの二つの**存在**投企は、**真理**の二つの可能な形式である。

(3) 投企は、**存在**に、それが未だもってない**存在**様態を与えることである。投企の客観的現実はつねに、**存在**によって支えられている。たとえば、投企された道具の存在は真の鉄や木の存在である(創出と想像とはまったく異なったものである。想像は何も創出しない。想像は虚無のほうへと方向転換するのである。一方、創出は、**存在**を**存在**へと超越するのであり、現実から離れるのではない)。

このように、三つの場合とも、**存在**こそが検証や創造という投企の構造であるところの存在の目標を支えている。真理と創造の類縁関係を見てとることが

[33']
〔→八六頁〕

できよう。このことによって、真理が創造を含意していることがわかる（創造とは、言いかえれば、予想されない自由な未来の出現であり、それによって**存在**が自分自身と一致しに到来する［＝するに至る］）。また、創造が真理を含んでいることもわかる（つまり、かくあるかぎりでの**存在**が**存在**に対して予想できない未来を支えているのだが、この未来は存在に形相を与えるために、存在に到来するのだ。彫刻とは、大理石を認識することであり、なめし革業とは、皮革を認識することである）。

還元不可能な無知の問題をさらに検討する必要がある。

（α）他者の視点——大都会の神秘［＝秘密］[75]。
（β）未来の視点。
（γ）選択された形がそこで姿を明確に表わす地の部分。
（δ）解決不可能な問題——限界状況、等々。

真理と行動に不可欠な構造としての無知と、疎外としての秘密とを区別すること。

結局、すべてを知ることとは、何もしないことである（伝説と神話）。それはなぜか。それは全体的知が与えられた知であり、それゆえ、もはや構築の可能性がないからである。

[37']〔↓九三頁〕

【**真理**は他者に対する私の要請としての規範である。私は真理を他者に与える。私は贈与する者としての私の自由を彼が承認することを要求する。つまり、それが真理であることを要求する。】

[39']〔↓九七頁〕

【私の実存を拒否する世界の中に存在すること。これが、社会生活の最初の主題であり、労働の意味そのものでもある。
(1) もし私がこの世界に対して働きかけなければ、私は死んでしまう。
(2) 様々な偶然が私を殺す可能性がある。
(3) 人間の間の抗争《アンタゴニスム》と財産の稀少性。社会生活の両価性《アンビヴァレンス》。他者とは、私と糧を分かち、また私の糧を盗むものである[76]。】

[41']
〔↓一〇一頁〕

自由とは、自分が創造しなかったものを引き受けることである。
自由の非本来的で倒錯した夢とは、責任をとることなく創造することである
（責任をとることを望まない作家——分裂病的な夢想家）

[42']
〔↓一〇二頁〕

直観の三つのタイプと、行動の正しい指示の一つのタイプ。

(1) 直観のタイプ。行動——知覚——において生に対して直《じか》に与えられたものとしての**存在**。

(2) 直観のタイプ。**存在**の存在様態としての本質。個的**存在**に関して捉えられた本質。赤いものの赤であること［＝赤い存在］。

(3) 意味。空虚な予測的志向。行動図式（実施されるべき行動。可能な直観［へ］の指示。それは現在へと戻ってくる未来である。それらを生き、投企するのが私であるというかぎりでは直観ではない。反対にそれらは、アプリオリに、不在の直観（記号《シンボル》等々）の徴《しるし》ないしは、実施されるべき不可能な直観の無限の系列の徴である。

(4) しかし、これらの同じ意味が、他者の行動を定義づけ、他者によって**存**

［43'］

在のなかに象嵌されるときから、それらは即自によって支えられ、特別な直観を可能とする対象《オブジェ》＝物となる。しなければならない行動の指示自体としての、意味作用の直観。別の言い方をすれば、現在において与えられた将来としての未来の直観。私が、火打ち石なり、先の尖った鉄片なりをとり、それをナイフとして使おうとするとしよう。鉄片なり石のナイフの意味はひとつの存在としてではなく、**存在**を越えて私が投企する可能な使用［形態］として、私に与えられる。それに対して、ナイフが他者によって製造された場合は、私に対する要請としての、その〈ナイフ－であること〉は、その存在のうちで与えられる。現実に、それは、他者の行う投企なのであって、それが私によって対象の形式のうちで客体＝対象化され、私の投企の内部で他者によって与えられた意味となる。そして、私によってではなく、**存在**によって、客体＝対象化され存在へと支えられたこの意味が、直観の対象なのだ。道具や機械の操作的な意味についての直観というものがあるし、ある社会や都市や文化において事物がもっている意義についての直観というものもあるし、旗の象徴的な意味についての直観というものもある。

女性的直観。無知であるがゆえに、知っている、という無知のタイプ。

［48’］

しかし現実には、無知は善のビジョンではない。それは悪の非ビジョンなのだ。私が悪を見ないのだとしたら、どうやって善というものを、悪によって占拠された人間の努力として見ることができようか（誘惑への闘い、等々――私はここで善を無垢の神話のレベルで考えている）。しかし、無垢は二者択一的な行動であって、善を直接的に再構成するのではなく、むしろ悪を知らないでいようと専心する。そうなると悪はもはや善が充全に存在することを妨げるものにすぎなくなる。悪は否定的なものであり、無知は否定の否定である。原始的な状態、つまり悪がなかった状態、**存在**が善だった状態（原罪以前の天国）を復元することによってである。

〔↓一一四頁〕

［52’］

プラン

真理の第二のタイプ、つまり「他者に関する真理」への移行。

真理の第二の構造、つまり「贈り物としての真理」への移行。

〔↓一二二頁〕

[60'] 〔↓一三八頁〕

【好奇心というもの（無知との対比）。
（1）**存在**との関係として。好奇心がある人。それは彼には関与しない。それは彼の問題ではない。したがって、真理の非実践的側面である。あるいはむしろ、**存在**を所有するために。あるいはその逆。
（2）他の人々に与えるために。目的となる贈与。交通＝伝達するために。】

[64'] 〔↓一四六頁〕

存在様態の逸楽的愛の彼方にある、**存在**の禁欲的で根本的な愛。

[65'] 〔↓一四八頁〕

【ここに、マラルメ。偶然を否定する偶然のひとつの存在。】

補遺

新しいプラン

緒論「モラルと歴史」

(1) モラルとは何か

(2) 道徳性の必要

(3) 道徳性と歴史性

カント

ヘーゲル

マルクス

トロツキー

—アンチノミー

技術と政治的必然性

道徳的必然性

(4) 歴史性とは何か——主観的／客観的

（5） 道徳性（歴史化）と史実化

歴史化＝具体的道徳性

具体的未来／抽象的未来

したがって、私は、今日のモラルを、つまり全体的歴史化の事実を探求している。私は、一九四八年においてひとりの人間が、自分自身と世界とに関してどのような選択ができるのかを解明しようと試みる。

この選択は次のことを前提としている

（1） ある存在論的地平
（2） ある歴史的文脈
（3） ある具体的な未来

第一部
「存在論的地平——純粋な反省」

第二部
疎外の歴史的事実

第三部
ある具体的な未来の選択

三つの時間的脱自の発見は、抽象的なものから具体的なものへの移行の動きのうちで行われる。

(1) 永遠。様々な本質や自然の抽象的な現実として、実体として。時間性イコール現れ［＝見かけ］（封建君主における時間の尺度）

(2) 抽象的な過去。

—十七世紀が生きた過去（封建制、絶対君主制、等々）

—投企された過去。ギリシャ人やラテン人の過去——抽象

(3) 抽象的な現在（十八世紀）。具体的な過去は勝ちとられた

—現在と分析。総合は自らを時間化する。分析はそれ自体、現在の肯定である。

—現在と永遠（良き野蛮人）。

—瞬間のモラル。

—具体的な現在。迫りくる革命にともなうアンシャン・レジーム［旧体制］の凋落 Untergang

(4) 十九世紀。勝ちとられた具体性。真の過去の展望《パースペクティヴ》で現在を生きる。革命は十九世紀の人間にとっては具体的な過去となる。革命の意味、それは革命が具体的な過去を与えることである。生きられた過去と、表象される過去の一

致。

——抽象的な将来。無規定な進歩、**歴史**の終焉、コント的社会、あるいはカントにおける現象世界の彼方への無限な進歩。

二十世紀——抽象的な将来への絶望による具体的な将来の発見（失敗によって、野蛮の可能性としての具体的な将来が発見される——マルクス——等々）。具体的な将来、あるいは時代の将来——それは具体的な投企によって描かれた最も遠い将来によって規定されている（原子力エネルギー等々）。

ルサンチマン[77]現象としての中産階級における凡庸性。

編者注・訳注

編者および訳者の注に頻出するサルトル、ハイデガー、フッサールの著作に関しては以下の略号を用いて記載する。『存在と無』に関しては、編者アルレット・エルカイムはガリマールの文庫版TEL叢書を用いているが、ここでは読者の便を考えて、元の版であるBibliothèque des idées を用いた。邦訳のある作品は、原書に続けて／の後に邦訳のページ数を漢数字で記したが、訳文に関しては文脈との関係上、拙訳を用いた場合もあることをお断りしておく。ただし『存在と時間』に関しては原著のページのみを記した。

サルトルの著作

CDG／『戦中日記』：*Carnets de la drôle de guerre*, Gallimard, nouvelle édition, 1995.『奇妙な戦争――戦中日記』（海老坂武／石崎晴己／西永良成訳）、人文書院、一九八五年。

CM：*Cahiers pour une morale*, Gallimard, 1983.［邦題は『倫理学ノート』とする］

CRD／『批判』：*Critique de la raison dialectique*, tome I, Gallimard, 1960.『弁証法的理性批判』全三巻（竹内芳郎／矢内原伊作／平井啓之／森本和夫／足立和浩訳）、人文書院、一九六二、一九六五、一九七三年。

CRD II：*Critique de la raison dialectique*, tome II, Gallimard, 1985.

EN／『存在と無』：*L'Être et le néant*, Gallimard,1943.『存在と無』（松浪信三郎訳）、人文書院、一九

九九年（上・下巻）。

L'Imaginaire／『想像力の問題』：*L'Imaginaire*, Gallimard, 1940.『想像力の問題』（平井啓之訳）、人文書院。一九五五年。

M／『言葉』：*Les Mots*, Gallimard, 1964.『言葉』（白井浩司／永井旦訳）人文書院、一九六七年。

N／『嘔吐』：*La Nausée, Œuvres romanesques*, Gallimard, Bibliothèque de la Pléiade, 1981.『嘔吐』（白井浩司訳）、人文書院、一九九四年。

QL／『文学とは何か』：*Qu'est-ce que la littérature?*, Gallimard, 1948, rééd., coll. «Idées», 1982.『文学とは何か』（加藤周一／白井健三郎／海老坂武訳）、人文書院、一九九八年。

ハイデガーの著作

SZ／『存在と時間』：*Sein und Zeit*, 17. Aufl., unveränd., Max Niemeyer, 1953.

GA／全集：»Vom Wesen der Wahrheit«, Wegmarken, Gesamtausgabe Bd. 9, Vittorio Klostermann, 1967.「真性の本質について」（辻村公一訳）ハイデガー全集第九巻『道標』所収、創文社［ただし邦題は『真理の本質について』とする］

フッサールの著作

MC／『デカルト的省察』：*Meditation cartésienne*, Vrin, 1947.『デカルト的省察』（船橋弘訳）『世界の名著』51所収、中央公論社、一九七〇年。

1　［訳注］『存在と無』の結論部を編者が部分的に引用したもの。EN 722／『存在と無』一一四〇頁。

2　［訳注］原語 mystère はハイデガーの用語 Geheimnis に対するフランスにおける訳語。日本語では〈密令〉とも訳される。個々の存在者が現前する際に、全体としての存在者が覆蔵されていること。その意味で非‐真理性 Un-Wahrheit は虚偽性 Falschheit ではなく、秘密であるとされる。ハイデガー『真理の本質について』、GA 194／全集二三七頁を参照。

3　[訳注]〈人間的現実〉の原語は réalité humaine。よく知られているように、この言葉はアンリ・コルバンがハイデガーの Dasein を訳すのに用いた語をサルトルがそのまま採用したものだが、サルトルにおいては独特の発展を示している。

4　[訳注]「真理と実存」というタイトルの前におかれた（本訳書の二七‐二九頁にあたる）部分は、内容的には、本書の最後の箇所とつながっている。そのため、英訳者は、編集上の手違いではないかという疑義を呈しているが、編者アルレット・エルカイムはこれを否定しているようである（英訳〈読者へのノート〉、xlviii 参照）。読者はこの部分を一番最後とつなげて読むほうが理解しやすいかもしれない。ここで頻出する〈歴史化〉という言葉に関しては注68を参照されたい。

5　[編者注] 回心に関するサルトルの考えは『倫理学ノート』（一九四七‐四八）の中で展開されている。特に CM 488-533 を参照のこと。サルトルにとって、非本来性が共同的な存在のあり方であるということは、人間の根源的投企が、偶然性を逃れるために、恒常的に自分の「性格」、自らの社会的状況や、自らの財産＝善、等々とひとつになろうとすることを意味する。共犯的反省は対自が、対自‐即自であろうとするのに用いる手段である。しかし、この試みはうまくはゆかない。というのも、私は継続的に、自分がこのようなものであると確信することはできないからである。反対に、他者の視線は、私が望むと望むまいとにかかわらず、私の行動の総体を統一し、ひとつの存在として私を見なそうとする。そこから疎外が生じる。他者の視線が私に送りかえす存在に懸命に同一化しようとしても、またそれから逃れようとしても、疎外されていることにはかわりはない。純粋な反省は共犯的反省が根本的に失敗することについて自覚することである。それがサルトルが回心と名づけるものへの最初の一歩である。つまり、存在のうちに固着しようとするのではなく、実存者として自らを問題にする投企であり、実存者の存在様態が離散的《ディアスポラ》であるという事実を受け入れることである。

ここでサルトルが『存在と無』や『倫理学ノート』で論述した本来性の概念と、ハイデガーの考えとを、その調性《トナリテ》において比較してみることは興味深いことであろう。根源的な非本来性に関しては、サルトルが、対自が即自へと固着しようという欲望に力点を置いているのに対して、ハイデガーはひととしての現存在の落ちつきのなさ［Aufenthaltslosigkeit］や、存在者への存在者の彷徨を中心に論じている。歴史における行為の本来性に関しては、サルトルは、「無償性が絶対的自由へと変容すること」、この自由へと向けての必然性としての有限性、創造といった点に力点を置く。一方、ハイデガーは、過去の可能性の遺産（反復、英雄の選択）や、それが死という、あらゆる行為の地平にある固有の可能性によって未来の可能性として再び‐引き受けられることに力点を置く。

6　［編者注］サルトルが「歴史性に関する教義」という言葉で言わんとしているのは、ひとつの時代や場所や共同体に人間的現実が根をおろしているということに根拠をおくような道徳である。その場合、道徳的選択は、自らの根のおろし方で構成されるだろうが、ただ、世界のそれ以外との関係は道徳的観点からは決定されないままである。

7　［編者注］ロジェ・ステファンの『冒険家の肖像』（一九五〇）への序文（『シチュアシオンVI』に再録）のなかで、サルトルは冒険者の存在論的地平を分析し、冒険家がもつ虚無への嗜好を強調している。

8　［編者注］本書の最後の部分で、歴史化と史実化の区別が行われている。

9　［編者注］道徳的回心とは、共犯的反省から純粋な反省へと移行することであり、他者関係がそれによって変わるとしても、定義上は、個人的なものである。ところで、ひとつのモラルが現実に存在するためには、人間集団がこれを自分たちのモラルとして承認する必要がある。このことから、サルトルはここで、モラルがただ回心にのみ基づくという考えから離れつつあるように思われる。実際、根源的投企は**存在**に魅惑されること（非本来性の即自‐対自‐存在）であるのだから、この**存在**への愛を考慮する必要がある。そこで、ある可能性が浮かび上がってくる。すなわち、人々に存在することを諦めるように説得するのではなく、むしろ**存在**を自らと人間全体にとって、望まれながらもつねに後退する歴史の目的として措定することである。

10 ［編者注］ここで秘密に関する言及があることが、この部分を執筆していた時点でサルトルが『真理の本質について』をすでに読み始めていたことを立証している（ただサルトルが、一九三〇年に行なわれ、一九四八年に仏訳が出版されたこの講演を以前から知っていたかどうかについては何とも言えない）。実際、ハイデガーはこの著作において、ダーザイン（現存在）が、**存在**の暴露の形式的源泉であり、それが存在者を存在者として露わにすると同時に、同じ動きによって全体性における存在者が問われているということを隠蔽し、またこの隠蔽自体を忘却する、と述べている。この忘却は、ハイデガーが秘密と呼ぶもののある種の現前を妨げるものではない。ハイデガーにとっては、現存在《ダーザイン》は、迷誤（個別の存在者の発見と交渉における自己と**存在**の忘却）と忘却された秘密との間で引き裂かれたものとして定義される。

11 ［訳注］絶対主観の原語は absolu-sujet である。〈絶対的なものとしての主体〉とでも訳すべきであろうが、後の論旨との関係や頻出することを考慮し、本書ではあえて絶対主観と訳した。

12 ［編者注］『存在と無』、緒論III〈「反省以前的な」コギトと「知覚」の存在〉参照。

13 ［訳注］本書に頻出する〈暴き出す〉の原語は dévoiler。名詞 dévoilement の場合は暴露と訳した場合もある。日本語としてはやや強いイメージがあるかもしれない。このフランス語は日常的にも用いる言葉だが、『真理の本質について』のフランス語訳で dévoilement はハイデガーの Entbergung の訳語として用いられている。したがってこのような意味連関を考慮しつつ、露現と訳すこともできたかもしれないが、サルトルの場合〈ベールを剝ぐ〉という能動性が強調されているため、〈暴き出す〉と訳した。

14 ［訳注］原語 objet は、対象、物、客体を意味し、サルトルの場合は、この三つの意味が交差して用いられる。「客観＝対象＝物」とでもしたいところだが、煩瑣になるので、「対象」とした。objectivation（客観化＝客体化）といった言葉とも結びついている点を念のため強調しておく。

15 ［訳注］間接呈示の原語は apprésenter。この言葉は『真理の本質について』では、apprésentation として Vor-stellen の訳語として用いられている（cf. Heidegger, *Question I*, Gallimard, 1968, p. 188, GA198。だが、意味から考えるに、ここでは、フッサールが『デカルト的省察』（第50節）で〈間接呈示〉という意味で用いている Appräsentation の訳語としての apprésentation のことと思われる。フッサールによれば、間接的呈示は、眼前に現存するものの知覚である Präsentation に基づく想像的呈示 Vergegenwärtigung のことである。つまり、眼前に現存するものの知覚のなかに当然ふくまれていて、それとともに現存するもの（例——家の前面に対して、見えない家の裏面）の予測のことである。この間接呈示をフッサールは他我経験の原則とする。Cf.MC 178-179.

16 ［編者注］サルトルはおそらく不注意によって、一つの仮定（後の主観性）から他の仮定（後の世代）へと飛躍しているが、推論に大差はない。周知のように、サルトルは執筆しながら思考し、書き直しを消さないこともあった。それに、これは第一稿なのである。

17 ［訳注］ルイセンコ（一八九八-一九七六）ソ連の農学者・遺伝学者。

18 ［訳注］アルキメデスの原理はサルトルの好む例のひとつであり、本書でも何度か出てくるほか、「唯物論と革命」（一九四六）においても例として挙げられている。

19 ［編者注］このあたりの記述はやや曖昧である。真理の探求は自らが全体化的であることを望むが、全体は決して到達されないことを思い起こす必要がある。さらに、全体化に到達することは望ましいことでもない。なぜなら、もし、「旋律のように終わる」目的＝終焉が、我々の外で意味がある歴史の端で我々を待っているとしたら、あるいはまた、神がその主人であるとしたら、あるいはまたいわば歴史の最後の言葉を知ることになる最後の世代がいると仮定するならば、我々はたんに盲目な手段［＝中間点］になってしまい、我々という手段を通してこの意味が出来することになり、あらゆる真理探求は無為なものになってしまうからである。しかし、もし我々が有限性を受け入れ、神学的なり科学的な拡大適用をせずに、自分に対しては歴史のある目的のみを画定するのなら、真理と歴史的行為は可能になる。この問題は本書の最後でもう一度扱われるのだが、それによって、これまでの考察が結論に達する。

20 [編者注]『レ・タン・モデルヌ』誌、第33号(一九四八年六月)を参照。一九四六年に執筆されたこの論考は、フランスでも国外でも大きな反響を呼んだ。[訳注] この論考は、「現代誌創刊の辞」にたいして、シュランベルジェからなされた批判への反論として書かれた。作家が時代のなかで、時代のために[=時代へと向けて]、〈絶対〉を選ぶことが出来ることをサルトルは強調している。

21 [編者注] 対自は即自ではないものとして自らを構成する。『存在と無』第二部第三章、EN222／『存在と無』三一九頁参照。

22 [訳注] 空虚な志向 intention vide に関しては、『存在と無』でも言及があるが、これはフッサールの『デカルト的省察』(第四節)を訳す際にファイフェールとレヴィナスが bloßer Meinung に当てた訳語(cf. MC 31)。EN63／『存在と無』八八頁参照。

23 [編者注]『倫理学ノート』CM 250 以下参照。

24 [訳注] このあと頻出する〈検証する〉の原語は vérifier であり、語源的に見れば真理という語を含んでいる。そのため、あえて真理検証という訳をあてた箇所もある。

25 [訳注] フランス語 ignorer の意味は大まかにわけて二つある。ひとつは、〈知らない〉、〈無知〉である。いまひとつは、〈無視する〉、〈無関心である〉、〈知らないふりをする〉である。サルトルは、ここでも例によって、この語の多義性を存分に用いて論を展開している。以下文脈によって適宜、訳し分けた。

26 [訳注] 原語は visée。フッサールの Meinung(思念)の訳語であるが、サルトルはそれだけでなく、日常的な意味、すなわち〈目指されたもの〉も重ね合わせて用いている。

27 ［訳注］EN 147／『存在と無』二〇五頁以下を参照。
28 ［訳注］ここで問題になっているのは、ゲシュタルト心理学でいう「図／地」の関係である。
29 ［訳注］cf. EN672／『存在と無』一〇六五頁以下、またQL 65-68／『文学とは何か』六〇-六二頁参照。
30 ［訳注］『物への加担』はフランシス・ポンジュの詩集のタイトル。サルトルはこの作品の分析を中心としたポンジュ論「人と物」（『シチュアシオンI』所収）を書いている。
31 ［訳注］『真理の本質について』GA 188／全集二三〇頁参照。
32 ［訳注］この物語は、一六六四年に出版された「ボッカチオとアリオストからとられた韻文物語」に収録されている貞淑な妻をもった嫉妬深い夫の話。疑り深いダモンは、妻が浮気していなければこぼさずに飲めるが、浮気していれば絶対にこぼしてしまう不思議な杯を魔法使いからもらう。だが、あまりに頻繁にこのグラスを使うのでついにはワインをこぼしてしまい、妻が浮気したものと思いこむ。絶望したダモンは、周りの男たちにも試させようとする。ちょうど通りがかったカール大帝の甥ルノーにも勧めるが、ルノーは自分は妻を信じており、それだけで十分だ、と言って断る。ダモンはルノーの態度こそ賢者に相応しいといって、無知であることを賢者の徳とみなす。La Fontaine, *Œuvres complètes I*, Gallimard, Bibliothèque de la Pléiade, 1991, p. 720-732.
33 ［訳注］シェラザードが物語を語ってきかせる王。自分の外出中に妻が不貞を働いているのを知ってから、女性を信じなくなり、毎晩新しい処女と床をともにした後に殺した。
34 ［訳注］「責任はない」の原文はje m'en lave les mains、文字通りには手を洗う、手を引くの意。
35 ［訳注］ベルクソン『物質と記憶』。H. Bergson, *Œuvres*, édition du centenaire, P.U.F., 1959, p. 256／『物質と記憶』（田島節夫訳）ベルクソン全集第二巻、一二八頁、白水社。
36 ［訳注］分厚い牛ヒレの網焼きステーキの名前であるとともに、フランスの作家で『キリスト教精髄』などで知られるFrançois René Chateaubriand（一七六八-一八四八）の名前でもある。一説には、この作家の料理人が発明したためとも言うが、関係ははっきりしない。

37　［訳注］原語は ek-statique。

38　［編者注］『倫理学ノート』CM 349 以下を参照。サルトルはそこで無知について長い考察を展開している。同書の索引を参照されたい。

39　［訳注］サルトルは『倫理学ノート』での分析をここで再び行っているが、状況は若干変更されており、『ノート』では二人だったのが、ここでは一人の記述になっている。Cf. CM347.

40　［編者注］（判断の）停止。

41　［訳注］〈体験〉の原語（独語）は Erlebnisse。フッサールから借用したこの言葉をサルトルは『存在と無』でもしばしば用いている。

42　［編者注］『ソフィスト』二四〇参照。［訳注］『国家』第五巻四七四-四八〇も参照。

43　［訳注］見解（オピニオン）と責任の関係について、サルトルは『ユダヤ人問題の考察』の冒頭でも触れている。

44　［編者注］この箇所をハイデガーの『真理の本質について』（前掲書）の立場と比較することもできよう。サルトルが先ほど斥けた秘密の概念に立ち戻らなければならない。サルトルは、それが現存在（ないしは人間的現実）を真理との根源的関係において定義づけるがゆえに、秘密を斥けたのであった。秘密とは言いかえれば、現存在によって全体性としての存在者が「秘匿されること」［verbergen］であり、したがって**存在**の問題の「秘匿」であり、この秘匿の隠蔽のことである。我々の行為の倫理的規定を探求しようという展望をもっていたサルトルにとっては、秘密を認めることは何の解決にもならない。人間は、ハイデガーによって記述された空しい落ちつきのなさから、空虚な観想や行為の麻痺へと移行する危険性がある。そこで、サルトルは問うのである。なぜこのような隠蔽があるのか、と。ハイデガーによれば、**存在**の真理へと接近するために、現存在は「支配されることが可能な、ありふれた現実に」しがみつくことを諦める必要がある。一方、サルトルは、実存者は生き生きとした実践的な組織であり、「欲求の人」であり、それゆえ、そのようなものとして**存在**を暴き出すことも無視することもありうる。しかし、**存在**は人間に適応されているのではないから、人間的現実が実存し続けるためには、個別の存在者に関する漸進的で絶え間のない真理検証が必要なのだ。

45 ［訳注］原語 le mystère en pleine lumière はモーリス・バレスの作品（一九二六年）のタイトル。サルトルは『存在と無』でもこの表現を用いている。EN 622／『存在と無』九九四-九九五頁。

46 ［訳注］過去化に関しては『存在と無』第二部「対自存在」第二章「時間性」で詳しく論じられているのを参照されたい。EN150-164／『存在と無』二一一-二三二頁。

47 ［訳注］敵対係数の原語は coefficient d'adversité、逆行率なども訳されるバシュラールの言葉。物は道具として使われることもあるが、人間がとる行動いかんによっては、その敵対性をむきだしにする場合もある。この側面をあらわす表現が敵対係数である。この言葉は、バシュラールが現象学的志向性を批判する文脈で用いられているが、著作にときどき出てくるとはいえ、主導的概念というほどのものではない。サルトルはこの表現を好んだようで、『存在と無』や「唯物論と革命」などでも用いられている。Cf. Gaston Bachelard, *L'eau et les rêves*, José Corti, 1942, p. 213.『水と夢』（小浜俊郎／桜木泰行訳）国文社、二二九頁。EN389／『存在と無』六四七頁他、参照。

48 ［訳注］ポール・ヴァレリー「書籍の功徳二つ」ヴァレリー全集第10巻（筑摩書房）《Deux vertus d'un livre》in *Œuvres*, Gallimard, Bibliothèque de la Pléiade, t. II., p. 1246.

49 ［訳注］この箇所に関しては *L'Imaginaire* 189／『想像力の問題』二八〇-二八一頁参照。

50 ［訳注］無垢の原語 innocence は、〈罪なきこと〉であり、ここでの論議は、無垢であることと無罪であることの両方の意味で展開されている。

51 ［訳注］人間と訳したが、原語は homme であり、男とも解すことができよう。

52 ［訳注］サルトルは遺稿として残された『弁証法的理性批判』の第二巻においてスターリン批判を行っているが、そこでも抽象的な理想像としての天使の批判が見られる。Cf. CRD II. 220.

53　［訳注］ウェスタの巫女とは、古代ローマにおいて、かまどの女神ウェスタに仕えた巫女。彼女らは純血を保たねばならなかった。

54　［訳注］対象は、ただたんに思念される場合と、思念されているとおりに対象が与えられている場合とがある。後者が充実されていることと対比して、前者は「空虚な志向」と呼ばれる。ただたんに思念と言う場合は、前者をさすことが多い。

55　［訳注］〈実現＝実感する〉の原語は réaliser。サルトルはこの言葉をしばしば、二重の意味で用いる。Cf EN228／『存在と無』三二九頁参照。

56　［訳注］主人公が、祖母の死後から一年以上たってはじめて、その死を実感する様子を描いた「心の間歇」と題された有名な場面。（プルースト『失われた時を求めて』第四篇「ソドムとゴモラI」）。サルトルは『存在と無』でもやはりこれに触れている。Cf. EN211／『存在と無』三〇三頁参照。

57　［訳注］サルトルはこのスピノザ的表現を好み、『存在と無』をはじめ、多くの場所で言及している。

58　［訳注］ハイデガー『真理の本質について』GA 200／全集二四四頁参照。

59　［訳注］〈真理ハ自ラヲ示ス〉というこのラテン語の表現は、スピノザが弟子のアルベルト・ブルフにあてた書簡中（ゲプハルト版、書簡76）に見られる。同様のスピノザ的な真理観は、たとえば『エチカ』定理四三注解などにも見られる。このことはスピノザによれば、真理は真理自身の規範であるのみならず、虚偽の規範でもあることを含意する。

60　［編者注］ここでもまた、本来性に関するサルトルの観点とハイデガーの観点を比較してみるのは興味深いことであろう。というのも、結局のところ、この（現存在ないしは人間的現実の）本来性は、真理との関係と関わっているからである。別の自分 alter ego の観念は、『存在と時間』における反復 répétition［Widerholung（SZ385）］と親しさ fidélité［Vertrautheit（SZ354）］の観念に対して、事態をより複雑にするとともに、その宿命的性格を少なくすることによって、応えようとするものであるように思われる（我々はここで、これらの術語をコルバンの『形而上学とは何か』の訳語によって引用する。というのも、サルトルはたいていの場合、この翻訳書の訳語を用いたからである）。ある投企の本来性の保証としての「ひとつの‐現前‐であった、実存の可能性」［＝本来的既在性（SZ238）］の反復は、――それがこの実存が私のものであったとしてもそうだし、祖先から受け継いだときには余計にそうなのだが、――サルトルを満足させるものではなかった。たとえここで問題となっているのが、この可能性の応答であり、過去をたんにとりもどすことではない、とハイデガーがはっきりと述べているにしてもである。サルトルの概念は、それが動きのなかで（引き離し‐持続）捉えられているために、あらゆる行為の独自な性格を保っているし、それゆえ、人間的現実の絶対者に対する何らかの関係をも保っている。そして、サルトルがここでのべていうように、有限性のモラルにおける「無限なものの粗描」をも保っている。このことは、当然、暴き出す行為にもあてはまり、無限の真理への使命はこの後のページで確認されることになる。

　本来性に関する二人の哲学者の対立について、思い起こしておきたいことがある。それは、サルトルが、人間的現実の構造に関して、ハイデガーの「死へ向けての存在」という考えを拒否したことである。ハイデガーの言うように、あらゆる本来的な行為が死の徴のもとにあるとすれば、人間的現実は、再活性化させなければならない過去の可能性と、唯一の「固有な」可能性としての死の予測［＝先取り］との間で、捕らわれ、さらには窒息させられることになってしまう、とサルトルは考える。サルトルは「死へ向けての存在」の概念の批判を『存在と無』において行った（第四部第一章、特にEN628-633／『存在と無』一〇〇四‐一〇一一頁を参照）。サルトルにとっては、死とは、ハイデガーの場合とは逆に、「私の諸可能に対するつねに可能な無化であるかぎり、私の諸可能性の外にあるのだし、［…］私は諸可能のひとつへ向かって自分を投げかけるような具合には、死に向かって自分自身を投げかけることはできないのである」［EN629／『存在と無』一〇〇六頁］。

61　［編者注］EN577／『存在と無』九二七頁以下を参照。

62　[訳注] サルトル自身、少年の頃の神の不在に関する宗教体験を、『戦中日記』や自伝『言葉』でも述べている。CDG 265／『戦中日記』八四頁以下、M78／『言葉』六七頁以下参照。

63　[編者注] すなわち、ここでもまた「未来の私」のことである。

64　[訳注] 原語は Einstellung。フッサールの用語。

65　[編者注] これを書いていた時期、サルトルは共産党のイデオローグの容赦のない批判を受けていた。サルトル哲学は、「歴史的過程」とは対立する病的な小市民（プチブル）的思想の退廃の産物として全面的に否定されたのである。今や、サルトルの作品を精神分析的に、いやさらには精神病理学的に解明することが必要だと思われる。いずれにしろ、どんな視点に立つにせよ、テクストを前にして科学的な態度をとることが重要である。言いかえれば、テクストを、自らの意図とは関係なく開示する材料と見なすことである。その際、その意図された伝達内容や、現在では時代遅れとなったものは犠牲にされるかもしれない。サルトルがここで自分自身の場合を言おうとしていることは明白である。サルトルは自分の哲学を物象化しようとする企図に対して自分の哲学そのものによって反論しているのである。

66　[編者注] アメリカの作家ジョン・オハラの小説。この小説は一九四八年、スイユ社から翻訳が出版された。[原作の出版は一九三四年。邦訳は、谷口陸男訳『世界文学全集―20世紀の文学』18（集英社、一九六六）]

67　[編者注] サルトルは後に、歴史の意味の問題を、弁証法的理性の光のもとに再検討することになる。CRD 880／『批判III』二七六頁以下（全体化するものなき全体化の可能性について）および、特に第二巻（死後出版）CRD II を参照。

68　[訳注] 歴史性、史実化の原語はそれぞれ historialité, historisation。ここでのサルトルの記述はやや未整理な観があるので、少し図式化して説明しておく。ハイデガーの Geschichte と Historie の区別は、フランス語に訳される際に困難を伴った。というのも、フランス語には histoire という語しかないからである。訳者コルバンは（彼の訳語の選択は功罪相半ばするが）、histoire の形容詞（通常 historique）の古形 historial をも用いてこの区別を示そうとした。そこから、historialité, historicité という歴史性を意味する二つの言葉が考案され、現在にいたるまでハイデガー的文脈で用いられている。サルトルはここで、さらに s'historialiser 自己歴史化する、historialisation 自己歴史化といった言葉も用いて、ハイデガーを援用しつつも、その意味をずらし、独自の歴史観を展開しようとしている。整理すると、一方に主体がそのなかで生き、本来的な意味での歴史に関する言葉の系列 historialité, s'historialiser, historialisation があり、もう一方に、客観化され、対象化された史実としての歴史に関する言葉の系列 historicité,（historiser）, historisation がある。本書では前者を歴史性、後者を史実性と訳し分けた。

69 ［訳注］『嘔吐』においても、生きることと書かれたものの間の乖離についての指摘が見られる。「これが、生きるということだ。しかし、語られてしまうと生は、すっかり変わってしまう」N 49／『嘔吐』六六頁。

70 ［訳注］ウィルヘルム二世に関しては、スイスの作家エミール・ルードヴィッヒ（一八八一－一九四八）の評伝『ウィルヘルム二世』（一九三〇）を戦時下のサルトルが興味深く読んだ記述が『戦中日記』に見られる（CDG 539／『戦中日記』三四六頁）。サルトルは日記の中でも、この箇所と類似した分析をよりいっそう詳細な仕方で行っている。（CDG 549-570／『戦中日記』三四六－三七五頁参照）

71 ［編者注］『真理の本質について』第五章。GA 192-193／全集二三四－二三五頁参照。

72 ［編者注］この書き込みの考察は、草稿の七頁の最後と八頁に関したものである。つまり、もし対自が、自分が露わにするもので明後日の人間たちがどんなものを造り上げるだろうかということに目を奪われるならば、あるいはまた、自分は何世紀にもわたって有効な真理のみを暴き出すのだと主張するならば、暴き出すという対自の使命は麻痺してしまうことだろう、という点に関してである。

73　［編者注］前後にブランケットを付した文は、時期的にかなり後で書かれたと思われるものである。それらはテクスト全体の中で比較的大きく力強い筆跡で記されている。

74　［編者注］ウィリアム・ジェームズの著書のこと。［訳注］ジェームズの主著『プラグマティズム』はル・ブランによってフランス語に翻訳され、一九一一年にベルクソンの序文を付してフラマリオン社から刊行された。ベルクソンの序は後に「ウィリアム・ジェームズのプラグマティズムについて。真理と現実」の題で『思想と動くもの』に収録された。サルトルの言及している一節は、〈真理の本性〉という見出しをつけられた箇所にあるが、かならずしもベルクソンが明示的に言っていることの要約にはなっていない。「鉛筆が下に落ちた、というとき、もちろん私は経験的事実を述べているのではない。なぜなら視覚と触覚が私に示してくれるものは、たんに私の手が開いていること、そして手が握っていたものを失くしてしまった、ということだけであるから。椅子にくくりつけられた赤ん坊は、玩具にしている物体が落ちるのを見ても、この物体が依然として存在している、とはたぶん考えないであろう。またはむしろ、「物体」、つまり経過する現象の多様と動きを通じて不変的独立的に恒存する何ものか、についてはっきりした観念を持たないのである。この不変性と独立性を大胆にも信じた最初のひとが仮説を作り、そしてわれわれは名詞を用い、話をする度ごとに、普通にこの仮説を採用しているのである」H. Bergson, *Œuvres*, édition du centenaire, P.U.F., 1959, p. 1447／（矢内原伊作訳）ベルクソン全集第七巻、白水社、二七七‐二七八頁。

　一方、メルロ＝ポンティへの言及は、自己の身体の永続性を論じている『知覚の現象学』第一部「身体」II〈身体の経験と古典心理学〉を参照項にしているように思われる。Cf. Maurice Merleau-Ponty, *Phénoménologie de la perception*, Gallimard, 1945, p. 106／『知覚の現象学』（竹内芳郎／小木貞孝訳）みすず書房、一六〇頁以下参照。

75　［編者注］『戦中日記』の中でサルトルは、ロジェ・カイヨワのコラム「大都会の神話」に関して問いを立てていた。「例えば、自らのパリ「内‐存在」を実現することは可能であろうか、それとも、それは純粋な表象にすぎないのだろうか。同様に、冒険も実現不可能なものではないのか」と。［訳注］CDG 424／『戦中日記』二三五頁。「パリ、近代の神話」というカイヨワの論文は一九三七年五月NRF誌に掲載され、後に単行本『神話と人間』（久米博訳、せりか書房）に収録された。

76 ［編者注］おそらく、これが後に『弁証法的理性批判』において重要な役割を担うことになる、稀少性の上に成り立つ実践の敵対関係という主題に関するサルトルの最初の定式化であろう。

77 ［訳注］ルサンチマンとは周知のようにニーチェが道徳の系譜学のなかで用いた概念だが、サルトルはより直接的にはマックス・シェーラーから強い影響を受けている。Cf. CDG 19.

訳者あとがき

草稿という本書の性質上、翻訳作業にはいくつかの困難が伴った。編者エルカイムは『真理と実存』を「壮年期のサルトルの遺稿の中で、唯一完全なテクストとしてまとまっているもの」と言うが、実際には、たんなる覚え書き風の箇所や、文章として完結していない部分もあるし、論旨の展開が大きく飛躍するところも少なくない。そのまま訳したのでは、読者には意味不明になってしまうと思われる場所も少なくなかった。そのため、かなり大胆に解釈をほどこし、言葉を補って訳す必要があった。また、文中の名詞の大文字の扱いに関しても苦慮した。特に Etre と être の違いはけっして明瞭なものではない。Etre が Sein で être が Seiende といったぐあいに割り切れれば話は簡単なのだが、必ずしもそれでうまくいくわけではない。autre などと同様、サルトルにおける大文字の使い方はかなり恣意的なようにも思われる。本書では結局、大文字の名詞はゴチックで示し、読者の解釈に委ねることにした。怠惰といえば怠惰な解決策であるがお許しねがいたい。以上のような理由で本書は、浅学非才の訳者の手に余るすこぶる難解なものであった。初歩的なミスリーディングも多いのではないかと思う。大方のご教示とご寛恕を願う次第である。また、本文の上の小見出しは、読者の便宜のために訳者が仮につけたものであって、原書にはないものであることをお断りしておく。

本書にはすでに各国語への翻訳があり、訳出にあたっては以下の英訳・独訳を参照した。それらの注や解説からも教えられるところが多かった。

Truth and existence, translated by Adrian van den Hoven, edited and with an Introduction by Ronald Aronson, The University of Chicago Press, 1992.

Wahrheit und Existenz, Deutsch von Hans Schöneberg und Vincent von Wroblewsky, Rowohlt, 1996.

本訳書ができあがるまでの過程でお世話になった方は数多い。すべてのお名前をあげるわけにはいかないが、以下の方々には特に記して謝意を表したい。

ハイデガーに関してさまざまなご教示いただいただけでなく独訳との突き合わせをしていただいたハイデガー研究者の山本英輔さん。英訳との対照をしていただくとともに、多くの貴重なご指摘を頂戴したプラトン研究者の白根裕里枝さん。解釈に関して多くの助言をしてくださったサルトル研究会の仲間たち。特にゲラを読んで貴重なご指摘をしてくださった黒川学さん、サルトルのヘーゲル理解の問題などを中心に色々と教えていただいた生方淳子さん。また、サルトルの遺稿に関して精力的な研究を行っている水野浩二さんの論文からも教えられる点が多かった。

本翻訳にあたっては、フランス文化省の翻訳助成金をいただくことができた。そのおかげで、一九九九年夏にフランスに二ヶ月滞在し翻訳に専念するとともに、さまざまな資料を参照することが可能となった。色々と便宜を図ってくださった、在日フランス大使館のクリスチャン・モリゥー文化参事官、書籍担当のエリック・アヴォカ氏に謝意を述べたい。

最後に、遅れがちな訳者の仕事に対して、ねばり強い対応を続けてくださった人文書院編集部の谷誠二さんには、感謝とお詫びを申し上げたい。

澤田　直

人名・作品名索引

マ　行

ヤ　行

ラ　行

ワ　行

事項索引

（全編を通じて頻出する〈真理〉，〈自由〉，〈存在〉，〈暴き出し〉などは項目として立てていない）

ア　行

意識（conscience）　*23,30,31,34,42,45-48,60,82,87,89,91,96-104,113,115,117,126,130,141,156,162,168,170,174*

隠蔽（voile, voiler）　*45,50,70,75,85,93,96,108,111,116*

エポケー（épochè）　*91*

贈り物（don）　*35,39,41,68,100,135-137,176,180,183*

カ　行

可能性（possible）　*69-72,80,87,90,114,126,134,146,147,149,152,153,159,170,188*

渇き（soif）　*108*

感覚論（sensualisme）　*37*

寛大さ（générosité）　*135*

観念（idée）　*110,127,169-173,177*

観念論（idéalisme）　*148*

稀少性（rareté）　*180*

犠牲＝自己否定（abnégation）　*75*

客観（objectif）　*34,37,43,61,72,74,105,139,150,154,155,159-161,170,171,178,185*

享受（jouissance）　*28,73,108,110*

共存在（Mit-Sein）　*35,105,122,155*

虚無（néant）　*58,61,67,70,72,79,81,86,99,100,158,172,178*

キリスト教（christianisme）　*69*

空虚な志向（intention vide）　*48,90,120,195*

結核（tuberculose）　*80,81,83,86,90-92,95*

見解（opinion）　*93-95*

原子力／原子論（atomique）　*119,175*

現実（réalité）　*23,38,39,47,50,51,56,59,67,80,92,96,102,103,118,121,135,149,166,167,191*

検証（vérification）　*23,28,53,62,63,65-69,72,74,76,77,80,81,84,86,88,93,94,96,98,101,104,117-122,124,126,127,129,130,132,133,135,141,142,154,166,169,171,173,175,178*

合理性（rationalité）　*50,51*

コギト（cogito）　*31*

誤謬（erreur）　*37,45,57-59,62,63,65-69,71,76,95,134,135,166,175*

サ 行
死（mort） 44,45,68,83-89,140,152,156
時間化（真理の）（temporalisation de la vérité） 33,40,53-58,66,73,124-135,153
実証主義（positivisme） 28
思念（visée） 60,120,123,124,129,130,170,172
終焉＝目的（歴史の）（fin de l'Histoire） 28,39-42,154-163,188
主観（sujet） 33,34,36-39,42-45,59-61,67,72,78,91,93,95,96,108,113,138,139,142,154,156,158,159,169,171,172,185
進化論（évolutionisme） 41
新実在論者（néo-réalistes） 37
真理検証（→検証）
責任（responsabilité） 80-82,94,100,101,103,110,111,113,114,118,120,129,150,177,181
絶対（absolu） 38,41-45,119,126,134,139,153,162
絶対主観（absolu-sujet） 30-36,39,68,113,115,119,162
善／悪（Bien／Mal） 71,116,183
全体性（totalité） 33,36,51,131,138,156
創造（création） 32,60,61,73-75,81,83,98,100,101,112,115,118,119,144,145,154,155,168,171,176,178,179,181

タ 行
体験（vécu, Erlebnisse） 28,39,91,128,134
態度（Einstellung） 138
脱全体的全体（totalité détotalisée） 37,68,134,155,156
抽象的人間（homme abstrait） 122,123
直観（intuition） 36,45,48,62,63,65,73,93,115,117,121,129,133,135,136,168,181-183
創造者《デミウルゴス》（démiurge） 73,157
投企（projet） 47-49,52-58,62-64,72,73,76,80,88-92,97,101,103,104,106,108,111,112,119,123,126,128,130,144,146,151,152,157,159,161,162,172,173,177,178,181,182,187,188

ナ 行
ノエマ的（noématique） 91,92

ハ 行
美的概念（conception esthétique） 144
秘密［＝神秘］（mystère） 23,29,98,179,190,197
プロレタリア（prolétariat） 111,162
忘却（oubli） 85,86,90,100,129
本来性／非本来性（authenticité／inauthenticité） 27,28,67,74,75,181

マ 行
無（rien） 38,71,72,145
無垢（innocence） 114-116,183

無知（構造的な）（ignorance de structure）　*151-163, 179*
無知（根源的な）（ignorance originelle）　*29, 45, 54-58, 117, 154*
無知（望まれた）（ignorance voulue）　*45, 72-123*
無知（必然的な）（ignorance nécessaire）　*123-153*
無限（infini）　*42, 126, 137, 149, 150*
目的と手段（fins et moyens）　*52-54, 102, 104-110, 142-146, 148, 169*

ヤ　行

有限性（finitude）　*34, 41, 43, 85-87, 123-137, 141, 148-150, 153, 162*
予測（anticipation）　*47, 48, 51, 52, 59-64, 66-68, 72-74, 83, 84, 86, 93, 122, 132, 136, 156, 166, 175, 181*
欲望と行為（désir et action）　*108-114, 146*

ラ　行

歴史（Histoire）　*27, 28, 32, 39-42, 156-158*
歴史化と史実化（historialisation et historisation）　*27, 28, 161, 162, 186*

訳者略歴

澤田　直（さわだ・なお）

1959年東京生まれ。法政大学人文科学研究科修士課程修了後，パリ第1大学で哲学の博士号を取得
専攻は哲学，フランス語圏文学，地中海思想
現在，立教大学教授
著　書　『〈呼びかけ〉の経験　サルトルのモラル論』（人文書院），『新・サルトル講義　未完の思想，実存から倫理へ』（平凡社），『ジャン＝リュック・ナンシー　分有のためのエチュード』（白水社）
編著書　『サルトル読本』（法政大学出版局）など
編訳書　フェルナンド・ペソア『ペソア詩集』（思潮社），『新編　不穏の書，断章』（平凡社）
訳　書　ジャン＝ポール・サルトル『言葉』（人文書院），『自由への道』（共訳，岩波文庫），ジャン＝リュック・ナンシー『自由の経験』（未來社），フィリップ・フォレスト『さりながら』（白水社）『荒木経惟　つひのはてに』『夢，ゆきかひて』（以上，共訳，白水社）など

ISBN978-4-409-03058-5 C3010

真理《しんり》と実存《じつぞん》

二〇〇〇年一〇月二五日　初版第一刷発行
二〇一五年一〇月一〇日　初版第二刷発行

著　者　J-P・サルトル
訳　者　澤田　直
発行者　渡辺博史
発行所　人文書院
〒六一二-八四四七
京都市伏見区竹田西内畑町九
電話〇七五（六〇三）一三四四
振替〇一〇〇〇-八-一一〇三

印刷　創栄図書印刷株式会社
製本　坂井製本所
装幀　倉本　修

乱丁・落丁本は送料小社負担にてお取替いたします。

http://www.jimbunshoin.co.jp/